JEANNE D'ARC ET LA FRANCE

L'Arbre de mai (Atelier Marcel Jullian, 1979).

Je crois en l'homme plus qu'en l'État (Flammarion, 1987).

Passion et longueur de temps (Fayard, 1989).

Douze lettres aux Français trop tranquilles (Fayard, 1990).

Des modes et des convictions (Fayard, 1992).

Dictionnaire de la réforme (Fayard, 1992).

Deux ans à Matignon (Plon, 1995).

Caractère de la France (Plon, 1997).

L'Avenir de la différence (Plon, 1999).

Renaissance de la droite (Plon, 2000).

Les Aventuriers de l'histoire (Plon, 2001).

Édouard Balladur

Jeanne d'Arc et la France

Le mythe du sauveur

Fayard

La France et le sauveur

En 1940, l'invasion allemande anéantit l'armée française qui passait pour la première du monde. Les Français en furent accablés. La France, la plus ancienne, la plus glorieuse nation d'Europe, s'effondrait, entraînant dans sa chute les vertus, les principes, les idéaux dont elle s'était voulue l'image aux yeux de l'univers. Je n'étais qu'un enfant, mais je ressentis le choc profondément : on nous avait bercés de tant d'illusions sur notre force, notre valeur, notre bon droit !

Pétain prit la barre ; c'était, nous disait-on, un homme providentiel, il avait, vingt ans plus tôt, gagné la bataille de Verdun et sauvé l'armée française de la dislocation. À nouveau, on se tournait vers lui, les Allemands le respectaient, il allait protéger le peuple, sauvegarder l'essentiel. On mit à l'honneur Jeanne d'Arc, sans éprouver aucune gêne ni remords on la fêta sous les yeux de l'occupant allemand, elle qui avait lutté contre l'occupant anglais. Dans ma puérile naïveté j'en fus surpris. Pouvait-on à la fois invoquer Jeanne et collaborer avec les Allemands ? Il me semblait que non.

Bientôt, le voile se déchira, Pétain apparut pour ce qu'il était, un vieil homme qui acceptait tout et n'épargnait aucune épreuve à notre pays. Dès l'armistice avait surgi de Gaulle, lui à coup sûr sauveur authentique, qui assura la présence de la France au rang des vainqueurs et tenta de lui rendre fierté et confiance en elle. Là encore, mais cette fois à bon droit, on invoqua Jeanne, son image était toujours présente.

En quelques années, deux hommes providentiels. Que de différences entre eux !

Le premier demandait l'armistice, l'autre poursuivait la guerre, l'un pactisait avec l'ennemi, l'autre le combattait, l'un incitait au calme, chacun devant se mettre à l'abri et obéir à l'ordre établi, l'autre appelait au combat et, quand il le fallait, à l'insurrection. Et tous deux à tour de rôle invoquaient Jeanne d'Arc, son exemple, son patriotisme, tels des grands prêtres de son culte. Apparemment, nul ne s'en étonnait. À nouveau, en 1958, de Gaulle fut le sauveur vers lequel le peuple tout entier se tourna pour qu'il lui épargne la guerre civile. Mais cette fois on n'invoqua guère Jeanne d'Arc.

Pendant des siècles, l'image de Jeanne a été présente partout, objet de vénération, figure centrale de l'imaginaire national. Cela est moins vrai aujourd'hui.

J'ai tenté de comprendre pourquoi. À mes yeux, elle a été longtemps la clé de notre histoire, le modèle en fonction duquel notre âme collective jugeait ceux qui gouvernent ; elle ne l'est plus.

*

* *

Autant que la Déclaration des droits de l'homme et du citoyen, Jeanne d'Arc est pour le monde l'image de la France, du regard qu'elle porte sur elle-même, de l'idée qu'elle se fait de son rôle. Les autres peuples en sont agacés, voire jaloux : lequel a une pareille histoire, lequel peut se targuer d'une telle préférence du destin ?

C'est l'originalité sans égale de la vie de Jeanne, ce qui en fait le symbole de la France, le mythe qui résume tous les autres, qui exprime et donne leur sens aux grands événements qui ont précédé son si bref passage dans l'histoire, et plus encore à ceux qui l'ont suivi.

Comme toujours, ce mythe a sa part de mystère. Tous les peuples se croient choisis par le destin pour être supérieurs aux autres ; aucun, sauf le chinois, ne s'est autant que le peuple français acharné à le démontrer. L'histoire de Jeanne résume tout : elle a reçu sa mission de Dieu, car celui-ci voulait libérer la France du joug étranger ; les voix des saints, leurs apparitions la lui ont révélée, répétée, confirmée jusqu'à son dernier souffle ; c'est une fille du peuple, intelligente, droite, qui ne s'embarrasse pas de manœuvres et de faux-semblants ; elle entre en conflit avec les pouvoirs établis, les grands, l'Église, l'entourage royal ; indifférente à leurs avis, elle les néglige, leur donne le sentiment qu'à ses yeux ils n'existent pas ; un temps elle les réduit au silence, le succès couronne sa mission ; bientôt le roi qu'elle a fait sacrer à Reims, lui conférant ainsi une légitimité qui le met hors de la portée de quiconque, l'abandonne ; elle est trahie, livrée à ses ennemis, emprisonnée, humiliée, maltraitée ; dans son affreuse solitude, elle conserve son courage, la simplicité et la force de son esprit, elle ne cède pas, ou si peu pour vite se reprendre ; elle subit le supplice, elle meurt en émerveillant d'émotion et de pitié ses bourreaux, le peuple rassemblé à Rouen et même ses juges cruels.

Après sa mort, elle triomphe, le miracle du redressement français emporte tout, la nation entière se rassemble derrière le roi, le territoire est libéré ; d'ordre de Charles VII, Jeanne d'Arc est réhabilitée. Oubliée sous la monarchie, elle est ensuite remise à l'honneur, canonisée sous la république. Elle est désormais à tous, aux chrétiens et aux conservateurs, mais aussi à leurs adversaires républicains et laïcs qui célèbrent la pauvre fille affrontée aux puissants et aux prêtres. Tous se retrouvent en elle et célèbrent la guerrière qui sauve la patrie occupée, déchirée, l'héroïne dont le sacrifice suscite l'élan du peuple qui retrouve son unité derrière le pouvoir légitime.

Tout est contenu dans le mythe de Jeanne d'Arc : il donne un sens au cours déjà écoulé de l'histoire avant elle et surtout il annonce ses rebondissements ultérieurs. Jeanne d'Arc éclaire ce qui la précède, elle explique ce qui la suit. Comme si son destin, quelques mois de drame pathétique et de poésie poignante qui prennent fin par un supplice annonçant l'apothéose, était la synthèse de toute l'histoire de la France dans ce qu'elle a de plus tragique et de plus accompli.

Deux mille ans d'histoire : dans les invasions germaniques, dans l'action de Clovis, dans celle de Charlemagne, de Saint Louis ou de Louis XIV, dans les sanglants déchirements de la guerre de Cent Ans et des guerres de Religion, dans l'explosion de l'idéal révolutionnaire qui ambitionne d'ébranler le monde entier, dans le culte catholique triomphant comme dans la laïcité militante, dans la victoire de 1918, dans l'affreuse épreuve du désastre de 1940 et de l'occupation allemande, aujourd'hui dans l'abandon d'une part de l'indépendance et de la souveraineté de la nation devenue trop exiguë à l'échelle du monde et dans l'inquiétude qu'il suscite, on retrouve des comportements, des croyances, des réactions identiques, révélés par l'histoire de Jeanne, héroïne salvatrice, sainte ne pensant qu'à la France et au destin singulier que Dieu lui a assigné.

*
* *

Tout se passe comme si le peuple français croyait depuis l'origine pouvoir tout se permettre, légèreté, divisions, trahisons, et tout supporter, mensonge, démagogie, défaite, parce qu'il est intimement persuadé que toujours un sauveur lui tendra la main pour le tirer de l'abîme. Il le croyait avant que Jeanne n'apparût, il en fut plus persuadé encore après qu'elle eut accompli sa mission. Il a l'orgueil de se croire irremplaçable, convaincu que, s'il venait à disparaître, il manquerait au monde quelque chose d'essentiel. Longtemps les Français ont cru au sauveur parce qu'ils croyaient en eux-mêmes.

De nos jours, trop souvent on ne parle de Jeanne que pour en sourire ou pour en tirer parti, légende touchante mais ne signifiant rien aux yeux de beaucoup, comme si elle ne comptait plus. C'est une « exception française » parmi d'autres, respectable, certes, émouvante, mais qui de nos jours n'aurait plus de signification. Pourtant, comment comprendre l'histoire de la France et la mentalité des Français si l'on oublie son épopée ?

*
* *

Ce livre n'est pas un nouveau récit de sa destinée, il en existe tellement, elle est avec Napoléon le personnage le plus célèbre de notre histoire ! Je n'ai rien à révéler de nouveau sur sa nature, son action, son caractère, sa psychologie et pas davantage sur ses origines, sur les voix qu'elle affirmait entendre. Sur le mystère de Jeanne, de sa personne et de sa mission, je n'ai aucune lumière nouvelle. Je m'en tiens à ce qu'elle a dit, à ce qu'elle a fait. Mes réflexions s'appuient sur ce qu'ont écrit et décrit, entre autres, Duby, Régine Pernoud, Péguy, Michelet, et aussi Brasillach qui, au moment même où il se prosternait devant l'occupant allemand et insultait tous ceux qui lui résistaient, écrivait sur le procès de la jeune fille qui avait affronté l'occupant anglais des pages d'une émotion, d'une sensibilité, d'une beauté qui bouleversent encore.

Je crois qu'en elle se rassemblent et se résument bien les traits essentiels de notre histoire, du tempérament de notre nation. Elle reste encore vivante dans nos cœurs et nos esprits, même si nous n'en sommes pas conscients, même si l'on évoque moins son souvenir, si elle semble hors du temps, passée de mode. Un certain type de réaction française, le plus noble, le plus rare, trouve sa parfaite expression dans son épopée. Est-il encore d'actualité ? Les Français croient-ils toujours suffisamment en la France pour être réellement émus par Jeanne d'Arc, pour éprouver le besoin d'un sauveur, pour être convaincus que, si nécessaire, la Providence ou le destin leur en enverra un ?

I

Une destinée si brève,
une histoire fulgurante

En 1429, lorsque Jeanne d'Arc parut, la situation de la France était affreuse : occupée en partie par les Anglais, déchirée par l'anarchie, livrée aux bandes féroces qui tuaient et pillaient sans se soucier de rien autre que leurs rapines, elle était le théâtre de la guerre entre trois pouvoirs concurrents, celui du roi au centre et au sud, celui des Anglais à l'ouest et à Paris, celui du duc de Bourgogne à l'est et au nord. Aucun ne parvenait à étendre sa domination sur le pays tout entier.

Tout avait, comme le plus souvent en ce temps-là, commencé par des rivalités dynastiques, prétextes d'ambitions égoïstes.

La première étape de la guerre de Cent Ans – laquelle dura bien davantage – s'était achevée à la fin du XIVe siècle avec les victoires de Charles V qui avait repoussé l'envahisseur Lancastre. La minorité, puis la folie de Charles VI réveillèrent les désordres et les antagonismes entre les princes parents du roi malade, chacun cherchant à contrôler le pouvoir à son profit. Louis d'Orléans, le frère du roi, fut assassiné en 1407 à Paris par les partisans de son cousin germain, Jean sans Peur, duc de Bourgogne, qui se posait en héraut d'une royauté qui, à l'image de l'Angleterre, ferait une place plus large au Parlement, perspective propre à plaire aux bourgeois de la capitale. L'occasion était favorable ; aussitôt les Lancastre rois d'Angleterre reprirent contre les Valois la guerre pour la conquête de la France. Le prétexte était le même qu'en 1330 : descendant de la fille de Philippe le Bel, ils rejetaient la loi salique et se prétendaient les seuls légitimes, alors que les Valois, à qui était revenue la couronne à la mort du dernier Capétien direct, Charles IV, étaient issus d'un cousin de ce dernier.

En Angleterre les Lancastre, cadets de la maison Plantagenêt, moins soucieux de légitimité qu'en France, avaient éliminé le roi issu de la branche aînée, Richard II, au profit d'Henri IV ; le fils de cet usurpateur, Henri V, débarquant en France, écrasa les forces capétiennes à Azincourt en 1415. La guerre reprenait contre un royaume de France sur lequel régnait Charles VI, un fou soumis à l'influence de sa femme, Isabeau de

Bavière, incapable d'arbitrer entre les rivalités des princes et de faire face à l'invasion.

En 1419, lors d'une entrevue sur le pont de Montereau entre le fils du roi, le dauphin Charles, et Jean sans Peur, celui-ci fut assassiné sans que l'on sût jamais si le dauphin était complice du meurtre. Ce fut la cause d'une hostilité sans rémission de la maison de Bourgogne contre la maison royale. À l'instigation de la reine Isabeau de Bavière et du nouveau duc de Bourgogne, Philippe le Bon, Charles VI le roi fou signa avec Henri V d'Angleterre le traité de Troyes : il déshéritait son propre fils le dauphin Charles et désignait Henri V comme héritier légitime du royaume de France ; consolidant encore sa situation Henri épousait la fille de Charles VI, Catherine. Les Anglais semblaient avoir toutes les cartes en main pour s'emparer du royaume avec la complicité des Bourguignons dévorés du désir de se venger de Montereau. Charles VI mort en 1422, Charles VII, le dauphin, tenta de reconquérir son royaume.

Pauvre royaume, déchiré, exsangue, devenu le champ clos de rivalités dynastiques où les intérêts de la monarchie n'avaient pas plus de part que ceux du peuple ! La France semblait irrémédiablement livrée aux Anglais ; pire encore, elle l'était par le roi légitime, qui déshéritait le seul de ses fils resté vivant.

En fait, le royaume était divisé en trois. Il y avait la France des Lancastre anglais, une bonne partie de l'Ouest, la Normandie, la moitié de l'Anjou, la Guyenne et aussi Calais. Les Anglais, associés aux Bourguignons, contrôlaient également Paris avec son Université, première autorité intellectuelle et religieuse de l'Occident chrétien, et ses bourgeois séduits par les promesses d'exonérations fiscales et de réformes administratives et judiciaires dont les occupants se montraient prodigues.

Il y avait, sous l'autorité de Charles VII, « le royaume de Bourges », comprenant à peu près – Guyenne exceptée – tout le sud de la Loire : Languedoc, Bourbonnais, Orléanais, une partie de l'Anjou, Limousin. Le dauphin passait pour incertain, secret, soupçonneux, il s'interrogeait sur sa propre légitimité tant l'avaient bouleversé les rumeurs que faisaient courir les partisans des Anglais sur l'inconduite de sa mère qui justifiait le traité de Troyes.

La troisième France était rassemblée autour de la Bourgogne, reçue en apanage par le dernier fils de Jean le Bon, à laquelle avaient été joints par mariage ou par rachat la Flandre, l'Artois, la Franche-Comté, le Brabant, le Hainaut, les Pays-Bas. État polymorphe, sans unité ni cohésion, morcelé en coutumes et en droits divers selon les provinces, le seul lien entre celles-ci étant le duc bourguignon, « seigneur naturel » de ces principautés rassemblées par le hasard des alliances et des successions. Cette France bourguignonne était la plus riche, la plus tranquille aussi. Elle vivait en paix, faisant la guerre chez les autres et par procuration ; la cour magnifique qui entourait le duc, le plus souvent aux Pays-Bas, illustrait le faste cher aux Valois. Grâce à son alliance avec les Anglais, Philippe le Bon rêvait de s'approprier une part de l'héritage capétien au nord de la France, voire de devenir roi.

Charles VII régnait petitement à Bourges, au milieu des intrigues des féodaux de son entourage. Les opérations militaires étaient rares, mal conduites, incertaines, les ressources et les moyens du roi légitime épuisés, comme d'ailleurs ceux de l'occupant anglais. La France vivait dans l'anarchie, chaque capitaine commandait ses troupes à sa guise, n'en faisait le plus souvent qu'à sa tête. Aucune unité, pas plus au sein de la

France anglaise que de la France royale, au tissu déchiré par le désordre. Au hasard des fidélités ou des intérêts, certaines villes ou places étaient au pouvoir des Anglais dans la France royale, des partisans de Charles VII dans la France anglaise. Partout des fidélités chancelantes, des calculs, la tentation de se résigner. Les Français, eux, étaient las, appauvris, à bout de ressources, la guerre durait depuis trop longtemps, elle coûtait trop cher, elle causait des souffrances trop cruelles.

On ne se souvenait plus guère d'avoir connu la paix. Les campagnes étaient périodiquement ravagées par des bandes incontrôlées, le désordre et l'horreur semblaient universels. Écoutons Jean Gerson, longtemps chancelier de l'Université de Paris, réfugié à Lyon et qui, au concile de Constance chargé de rétablir l'unité de l'Église, elle aussi déchirée entre des papes rivaux, jouissait d'une autorité que nul ne contestait : « Hélas ! Hélas ! Un pauvre homme aura-t-il payé son imposition, sa taille, sa gabelle, son fouage... les passages, peu lui demeure. Puis viendra encore une taille qui sera créée et des sergents pour occuper sa maison. Le pauvre homme n'aura de pain à manger sinon par aventure un peu de seigle et d'orge. Sa pauvre femme sera enceinte et ils auront quatre ou six petits enfants qui demanderont du pain et crieront de faim. La pauvre mère ne pourra leur mettre entre les dents qu'un peu de pain. Or surviendront les fourrageurs militaires qui fouilleront tout. Tout sera pris ou dévoré. Que peut avoir de pire le pauvre bonhomme ? Le plus grave est l'arrivée des gens d'armes en train de se battre, mécontents de ne rien trouver là où il n'y a rien, mettant le feu à la maison et se faisant donner de force argent ou vivre. Et je me tais des forcements de femmes… Et il y en a des milliers de milliers et dizaines de milliers dans le royaume plus étrillés que je n'ai dit. »

Comme l'écrit Michel Bataille, tout était désordre et la carte de la guerre confuse et mouvante. Il n'y avait pas un camp, une armée, une nation face à un autre camp, une autre armée, une autre nation. Anglais et Français luttaient par vassaux interposés qui, marchandant leur concours à l'un ou l'autre, l'apportaient ou le retiraient en fonction des circonstances.

Pauvre dauphin Charles, hanté par des peurs nocturnes, souffrant de son humiliation, fuyant la société, errant d'un château à l'autre, alors que le siège de ce qui lui restait d'administration était à Bourges !

*

* *

Les Anglais tentèrent de prendre un avantage décisif. Orléans commandait la Loire et le passage vers la France du Sud qui restait acquise à Charles VII. Ils y mirent le siège. S'ils réussissaient à s'en emparer, c'en était fait des espérances de ce dernier, tout s'écroulerait, tous le quitteraient. À la fin de 1428, ils s'emparèrent des Tourelles, les fortifications qui défendaient l'entrée du pont sur la rive gauche de la Loire, au bord des remparts ; la ville semblait près de tomber. Henri V d'Angleterre venait de mourir en laissant pour successeur un enfant en bas âge, Henri VI ; son frère, Bedford, devenu régent, envoya des renforts sous la conduite de Talbot. Du côté français combattait le bâtard d'Orléans, demi-frère du duc légitime prisonnier en Angleterre depuis le désastre d'Azincourt. La ville était encerclée par les Anglais et toutes les issues fermées, sauf une ; ses habitants étaient dans l'angoisse. Le sort de la France dépendait totalement de celui d'Orléans.

Les alliés se méfiaient les uns des autres. Philippe le Bon, toujours à l'affût de fructueuses transactions, était prêt à monnayer sa neutralité aux habitants d'Orléans s'ils consentaient à lui reconnaître la suzeraineté de leur ville. Le régent Bedford ne l'entendait pas de cette oreille : « Je serais bien courroucé d'avoir battu les buissons pour que d'autres eussent les oisillons. » Alors le duc rappela ses troupes. Les Anglais restèrent seuls devant Orléans.

En ces temps de désespoir où se jouait le sort du royaume à Orléans, clé de la France du Midi, une rumeur commença à se répandre. Un chroniqueur rapporte : « On dit qu'une pucelle se rend auprès du noble Dauphin pour lever le siège d'Orléans et pour conduire le Dauphin à Reims pour qu'il soit sacré. » Aussitôt qu'ils l'apprirent, les habitants d'Orléans se remirent à espérer.

Au fond de l'abîme, le peuple attendait un sauveur, il était certain qu'il surgirait ; il ne savait pas quel il serait, à coup sûr ni le Bourguignon, ni un grand, ni même le dauphin, trop faible et indécis. Son attente ne fut pas déçue. Comme l'écrit Élie Faure : « Le seul miracle de ce siècle, Jeanne d'Arc, qui est le bon sens populaire luttant contre la sottise du clerc, l'esprit de justice insurgé contre l'esprit de chicane, le réveil de la foi candide défigurée par la bigoterie, est regardé d'abord comme un événement providentiel qui dispense l'homme d'agir. L'affaiblissement du peuple, avant que n'arrivât la bonne fille, n'était que trop explicable. Jamais la France du Nord n'avait connu des temps aussi durs. »

*

* *

Février 1429-mai 1431 : Jeanne accomplit son extraordinaire destin en deux ans ; comme l'écrit Régine Pernoud, elle est l'archétype à la fois de l'héroïne guerrière victorieuse et du prisonnier politique supplicié. Mieux, de février à juillet 1429 seulement, elle remplit la mission à laquelle Dieu l'a appelée par la voix de ses saints : Orléans est délivrée, les Anglais battus à Patay, le roi sacré à Reims. En trois mois, le cours de la guerre a changé, la France respire et redresse la tête. « C'est pour cela que je suis née », déclare Jeanne. Pour elle, tout était subordonné à ce double objectif. Il fallait faire vite, elle n'avait pas de temps à perdre. Y eut-il jamais aventure si miraculeuse ?

Résultat foudroyant, dû à l'action d'une toute jeune fille du peuple des campagnes. Elle a entendu des voix célestes qui lui ont tracé le rôle que Dieu lui a imparti parce qu'il aime et veut sauver la France humiliée et martyrisée. Elle y sacrifie sa tranquillité, sa réputation et jusqu'à sa vie, elle accomplit ce qu'on attend d'elle. Bientôt elle est trahie par les grands jaloux et cupides, abandonnée par le roi, livrée aux Anglais, jugée par l'Église aux ordres de l'ennemi, brûlée vive.

Rappeler les grandes étapes de son destin permet de mieux comprendre ce qu'il a d'exceptionnel : avant Vaucouleurs ; de Vaucouleurs à Reims ; de Reims à Rouen ; Rouen.

Avant Vaucouleurs, Jeanne d'Arc était une jeune paysanne de Domrémy, village du duché de Bar, enclave relevant de la couronne de France, à cheval sur la frontière du royaume et de la Lorraine, terre d'Empire. Jeanne était sujette directe du roi de France, fille de paysans aisés, peut-être encore de condition serve. Dès qu'elle eut treize ans, le surnaturel se manifesta à elle ; qui s'en fût étonné en ces temps de foi et de merveilleux où la plate raison n'avait guère cours ? Elle entendit des voix, celles de sainte Catherine, de sainte Marguerite, de saint Michel. Pourquoi ces saints-là ? Saint Michel était le patron de Charles VII depuis que les Anglais s'étaient emparés de l'oriflamme de saint Denis, emblème du roi de France ; sainte Catherine s'était, selon la légende, déguisée en homme pour fuir un mariage imposé, de la même façon que Jeanne avait fait rompre une promesse de mariage apparemment conclue par son père ; sainte Marguerite, patronne de la propre sœur de Jeanne, était invoquée par les prisonniers de guerre qui souhaitaient s'évader.

Jeanne savait ce qu'était la guerre, elle la vivait, elle voyait arriver de pauvres fugitifs, aidait ses parents à les recevoir. Une fois, sa famille obligée de s'enfuir avait retrouvé sa maison saccagée, le village dévasté, le bétail emporté, l'église incendiée. Elle eut horreur de la guerre, priait sans cesse pour retrouver la paix. Un jour, à midi, « dans le jardin de son père », comme elle le racontera à ses juges, elle vit une lumière éblouissante et entendit : « Jeanne, va au secours du roi de France et tu lui rendras son royaume. » Elle répondit : « Je ne suis qu'une pauvre fille, je ne saurais chevaucher ni conduire les hommes d'armes. » La voix, à nouveau : « Tu iras trouver Monsieur de Baudricourt, capitaine de Vaucouleurs, qui te fera conduire jusqu'au roi. Sainte Catherine et sainte Marguerite viendront t'assister. »

Elle pleura, elle eut peur de la destinée que le Ciel lui réservait. Qu'on mesure ce que représentait pour cette jeune paysanne innocente la mission qui lui était imposée : un saut vertigineux dans l'inconnu ! Le premier mystère de Jeanne, c'est que finalement elle l'accepta, malgré l'opposition de son père. Elle ne douta pas un instant que Dieu s'était adressé à elle, elle n'imaginait pas de lui désobéir. Un de ses oncles consentit à aller demander de l'aide à Robert de Baudricourt, capitaine royal de Vaucouleurs, mais il fut mal reçu ; finalement elle lui fut amenée, lui affirma qu'elle venait « de la part de son Seigneur » qui voulait que le dauphin devînt roi.

Déjà le peuple s'émouvait, il l'admirait, il la soutenait, il croyait en elle. Jeanne, hier encore petite ignorante confinée dans son village, affirmait : « Personne au monde, ni rois, ni ducs, ni filles du roi d'Écosse ne peuvent reprendre le royaume de France. Il n'y a point pour lui de secours que moi-même ; il faut que j'aille et que je le fasse parce mon Seigneur le veut. Mon Seigneur c'est Dieu. » Elle quitta Vaucouleurs pour rejoindre Chinon avec cinq ou six hommes d'armes.

À Chinon, où déjà l'on parlait d'elle, quelques jours passèrent avant que le roi accepte de la recevoir. Introduite dans la salle où il se tenait, elle le reconnut parmi les courtisans qui l'entouraient et, alors que rien ne le distinguait dans son vêtement, se jeta à ses genoux. Ils eurent un entretien en particulier ; elle lui déclara sa mission, ajoutant, comme elle l'a raconté à son confesseur, frère Jean Pasquerel : « Je te dis de la part de Messire que tu es vrai héritier et fils du roi. » Charles avait bien besoin de cet encouragement-là ! D'un mot, Jeanne lui retirait le poids qui pesait sur sa poitrine.

Elle fut envoyée à l'université de Poitiers, devenue la rivale de celle de Paris aux mains des Anglais ; là, quatre ou cinq clercs et prélats se réunirent pour examiner sa vie passée, la faire parler, la soumettre à toute une série de questions afin de vérifier sa sincérité et sa foi. Qu'elle se prétendît envoyée par Dieu, voilà qui ne surprenait pas les hommes d'un temps fertile en prophètes, en signes célestes, en mystères admis comme tels. Encore fallait-il savoir à qui l'on avait affaire et si elle était envoyée par Dieu. Déjà elle faisait preuve d'un redoutable bon sens : « Jeanne, lui dit un dominicain, tu prétends, ta voix te l'a dit, que Dieu veut délivrer le peuple de

France ; si telle est sa volonté il n'a pas besoin de gens d'armes. » Elle de répondre : « Les gens d'armes batailleront et Dieu donnera la victoire. »

À Poitiers comme à Vaucouleurs, sa sainteté éclata aux yeux du peuple qui la soutint constamment. Alors tout fut dit. Revenue à Chinon, puis au cours d'un séjour à Tours, elle s'équipa avant de partir pour Orléans qui appelait au secours. Elle avait un cheval noir, une armure blanche, au côté une épée qui se trouvait dans le village voisin de Sainte-Catherine-de-Fierbois, à la main un étendard orné de l'image du Christ et d'une fleur de lys. « Je ne veux me servir de mon épée pour tuer personne. »

Les premières campagnes ont été racontées tout au long. Jeanne eut à imposer sa volonté aux capitaines chevronnés qui l'entouraient, tels La Hire, Dunois qui, commandant dans Orléans, en sortit pour aller la chercher ; dès qu'elle y fut entrée, elle fut maîtresse de la ville. Encore à Poitiers, elle avait écrit aux Anglais pour les sommer d'abandonner le siège d'Orléans ; une seconde mise en demeure leur fut envoyée lorsqu'elle arriva dans la ville. Le ton était péremptoire, impérieux. En quelques jours, huit seulement, elle fit lever le siège d'Orléans au terme d'un combat durant lequel elle fut légèrement blessée d'une flèche à l'épaule. Abandonnant la partie, les Anglais se retirèrent en désordre vers le nord.

L'effet de la délivrance d'Orléans fut extraordinaire. Aux yeux de tous, Dieu et Jeanne son envoyée y avaient pourvu. Pour celle-ci, il fallait sans tarder gagner Reims et faire sacrer le roi, quitte à traverser des régions où la présence anglaise ou bourguignonne était forte. Jeanne était seule de cet avis, mais elle finit par l'imposer. Victorieuse à nouveau à Patay, dans la Beauce, elle mit en fuite les Anglais ; la voie était ouverte. Après être passé à Troyes, où avait été signé neuf ans plus tôt le traité qui le déshéritait, Charles VII, accompagné de Jeanne, arriva à Reims ; le 17 juillet, il fut sacré. Lors de la cérémonie Jeanne était à son côté, à la place d'honneur, précédant grands seigneurs et capitaines. La France avait un roi dont nul ne pouvait plus contester la légitimité, instrument de son indépendance et de son unité retrouvée. Jeanne voulait rassembler et réconcilier les Français autour du roi. Ce fut un printemps décisif.

Pour elle, il ne fallait pas s'en tenir là mais, sans perdre un instant, poursuivre la reconquête grâce à la force de la légitimité royale désormais incontestable. L'effet du sacre avait été tel sur les populations que les villes ouvraient leurs portes, qu'elles baissaient leurs ponts-levis devant le roi. À l'instigation de la Pucelle, les troupes royales tentèrent en septembre de s'emparer de Paris. Elles échouèrent et Jeanne fut blessée, cette fois à la cuisse. Alors la cour de Charles VII se déchaîna contre elle. Puisqu'il ne s'agissait plus d'une promenade militaire, mais d'une guerre qui reprenait, on n'en voulait pas ; satisfait de ce qui avait été acquis, on était las des combats. Jeanne se heurtait aux atermoiements, à la mauvaise grâce d'une partie des barons et des chefs de l'armée, elle n'avait plus les moyens d'imposer sa volonté ; malgré son immense prestige, peu à peu elle était privée d'autorité. Revanche éternelle des mesquins et des jaloux.

Jusque-là contraints et silencieux, tous ses ennemis se redressèrent, avec à leur tête l'archevêque de Reims, chancelier de France. Lassitude, trahison ? On demanda une trêve, on négocia avec le duc de Bourgogne qui renforça son alliance avec l'Anglais et trompa le roi. Celui-ci ordonna la retraite. Le moment des victoires était passé, l'hiver arriva, temps de repos et d'intrigues ; la guerre reprit au printemps, de façon désordonnée, sans plan ni coordination des forces royales. Après toute une série de combats, le duc de Bourgogne mit le siège devant Compiègne. Jeanne d'Arc rejoignit les habitants pour défendre la ville. Ayant tenté une sortie, elle trouva – malveillance ou imprudence ? – la porte des remparts refermée derrière elle ; elle tomba aux mains du sire de Ligny. C'était le 23 mai 1430.

Après de longues et déshonorantes négociations entre le duc de Bourgogne, l'Université de Paris, l'évêque de Beauvais, Pierre Cauchon, et le sire de Ligny, elle fut livrée aux Bourguignons qui la remirent aux Anglais. Dès lors le destin de Jeanne était scellé.

Elle fut transférée de Compiègne à Rouen, jetée dans une forteresse surveillée par l'armée anglaise, qui avait l'œil aussi sur le tribunal ecclésiastique français réuni sous la présidence de l'évêque Cauchon. Elle resta plusieurs mois prisonnière, subit un procès où aucune humiliation ne lui fut épargnée, une captivité cruelle et dangereuse pour sa pureté à laquelle elle tenait tant, fut condamnée et brûlée vive le 30 mai 1431. Il s'agissait de montrer que celle à qui était dû le sacre de Charles VII était une sorcière hérétique, condamnée par l'Église ; alors on en aurait détruit la magie, ce sacre serait sans signification ni valeur. Cauchon s'acquitta de sa tâche sans état d'âme.

*
* *

Aucune histoire ne fut aussi foudroyante dans le succès, aussi tragique dans le drame qui, si peu après, y mit fin ; c'est celle d'une jeune fille sans instruction, sans formation militaire, qui du jour au lendemain se fait chef de guerre, décide des opérations armées, entraîne des soldats et des chefs éprouvés, les subjugue, leur impose sa volonté, les émerveille par sa personnalité, les conduit à la victoire, faisant taire pour un temps les envieux, les lâches, les calculateurs toujours prêts à changer de camp.

Mystère ? Miracle ? Qu'importe ! Dans la suite des temps, rien ni personne ne peut lui être comparé pour la rapidité du succès.

« Je durerai un an, guère plus », avait-elle dit. Sans doute ignorait-elle alors quelle serait sa mort, combien sa souffrance, son supplice allaient faire rayonner son souvenir. Un an de combats, dont trois mois de victoires décisives qui bouleverseraient le cours des choses, un an de prison, le supplice.

Certes, lorsqu'elle mourut, tout était loin d'être terminé, il faudrait encore plus de vingt ans pour que la guerre de Cent Ans prît fin et que les Anglais fussent complètement chassés de France. Mais à partir de Jeanne, le mouvement était irréversible, province après province Charles VII reconquérait son royaume. Jamais la France, dans une histoire si fertile en drames, ne domina le sort avec une telle rapidité.

*
* *

De l'origine des âges à aujourd'hui, que de malheurs s'abattirent sur notre terre ! Comment oublier les grandes invasions, la mise à sac de la Gaule riche et prospère, le plus beau fleuron de l'Empire romain, conquise jadis à si grand-peine par César ? L'effondrement de Rome, les siècles d'angoisse, quand les abbayes servaient de refuges contre la cruauté, l'anarchie et l'ignorance, et qu'aucun pouvoir fort ne pouvait mettre fin aux combats entre les seigneurs mérovingiens ? Les désordres féodaux qui avaient eu raison de la dynastie de Charlemagne et livré ce qui n'était pas encore la France aux rivalités de principautés auxquelles un roi capétien si faible avait tant de mal à imposer son arbitrage ? Et après Jeanne, les guerres de Religion, les révoltes nobiliaires, les frondes parlementaires, l'anarchie et la tyrannie révolutionnaire, la chute de Napoléon, l'effondrement de 1870 devant la Prusse ?

Chaque fois, du fond de son malheur, le peuple avait continué à espérer, certain qu'un sauveur viendrait le secourir ; jamais son attente ne fut trompée : Clovis, Charlemagne, Philippe Auguste, Jeanne d'Arc, Henri IV, Richelieu, Bonaparte, la République après la Commune, chacun à son tour lui avait apporté la paix. Nul ne se résigne à jamais à la violence, à la misère, le peuple français moins qu'un autre. Quand toutes les issues semblent bouchées, toutes les solutions vaines, quand la raison n'offre plus aucun motif de croire que l'épreuve pourra être surmontée, il se tourne vers le ciel, ou bien il rêve qu'un surhomme, un héros sur lequel les lois ordinaires de la nature et de l'histoire n'ont aucune prise, le fera tout de même échapper au destin malheureux. Le merveilleux devient alors refuge, un recours contre l'adversité, nourrissant toutes les illusions. C'est l'aspect le plus extraordinaire de l'histoire de France.

Ce sauveur, le peuple français l'a cherché encore en 1940, lorsque en quelques semaines la France glorieuse de 1918 s'effondra devant l'Allemagne nazie qui, occupant la moitié de son territoire et toute sa façade atlantique, réduisait les limites de l'autorité du gouvernement de Vichy bien en deçà de celle du roi de Bourges. Et même dans la zone sud, les Allemands contrôlaient le gouvernement, dictaient leurs ordres aux ministres, intervenaient dans l'administration, la police, prélevaient les ressources indispensables à la guerre qu'ils menaient aux Soviétiques. Charles VII à Bourges avait plus de pouvoirs que Pétain à Vichy, lui au moins ne dépendait pas du bon vouloir de l'occupant. Le peuple, assommé par la perte de ses illusions sur la supériorité militaire française, crut trouver un sauveur en Pétain, l'un des chefs victorieux de la Grande Guerre qui, elle, avait été gagnée ; Pétain lui parlait de réalisme, de repentir, de pénitence, de régénération morale, d'autorité. Ce n'était qu'illusion, les Allemands étaient les maîtres. Pétain n'empêcha rien, contrairement à ce qu'avaient espéré et cru les Français.

Lorsqu'ils en prirent conscience, ils se détournèrent de lui et placèrent leurs espoirs en de Gaulle, sauveur efficace et donc véritable, lui qui, au prix de beaucoup d'intransigeance, de courage, et aussi de quelques faux-semblants, assura la place de la France au rang des vainqueurs, lui rendit son empire colonial, ses frontières intactes, la présence de ses armées au sein des forces d'occupation de l'Allemagne abattue. Roosevelt lui reprochait de se prendre pour Jeanne d'Arc ; pour une fois, malgré son ignorance historique, l'Américain voyait juste, même si, la suite allait le montrer, sa résurrection ne rendait pas à la France la place qui avait été la sienne dans l'équilibre des puissances, et si l'amertume d'avoir perdu son rang ne devait cesser de ronger son âme.

Dans les grands destins tout, victoire ou défaite, se joue parfois très vite ; le plus souvent, l'effort exige une longue patience de la part des hommes qui se succèdent au pouvoir, le succès ou l'échec tarde à apparaître, c'est tout un peuple qui, à l'appel de celui qui le guide, doit rassembler ses énergies, quelquefois pendant plusieurs générations.

À maintes reprises, la France a subi des épreuves accablantes qui, bouleversant toutes les perspectives de son avenir, l'ont laissée blessée durant de longues années. En 1870, quelques semaines de guerre avec la Prusse aboutissent à la capitulation de Napoléon III à Sedan, la République est proclamée, l'Alsace et la Lorraine annexées à l'Empire allemand renaissant ; une inexpiable rivalité est née d'où sortiront deux guerres mondiales et la fin de la prépondérance de l'Europe sur la planète. En 1940, en quelques semaines aussi, et là encore grâce à la percée des troupes ennemies à Sedan, la France est écrasée par l'Allemagne nazie, son armée disloquée, réduite à presque rien, son territoire occupé, son régime politique soumis à l'ordre hitlérien.

À l'inverse, au plus fort des invasions barbares, quand Clovis avec ses Francs se fait le soldat de Rome et de l'Église contre les autres tribus germaniques, il combat et commence à rassembler ce qui mettra des siècles à devenir la France ; divisée en Neustrie, Austrasie, Aquitaine, Bourgogne, déchirée par les partages imposés par la coutume franque, elle naîtra peu à peu de l'émergence puis de l'effondrement du pouvoir mérovingien. Pépin le Bref, Charlemagne consacrent des dizaines d'années à construire l'empire franc, des Pyrénées à l'Elbe et à Rome, œuvre sans cesse recommencée qui échoue en Espagne, et que les désordres en Italie et en Germanie rendent fragile, comme la suite le montrera ; très vite la France et l'Allemagne se constituent à l'ouest et à l'est de l'Empire, prenant en étau une Lotharingie vouée à l'écartèlement entre ses voisins rivaux. Trois siècles, du XIIe au XVe, seront nécessaires pour mettre un terme à la rivalité entre les Capétiens et les Plantagenêt d'Angleterre. Philippe Auguste consacre tout son règne à leur reprendre une part de leur héritage angevin, normand et aquitain et parvient à faire du domaine propre du roi capétien, confiné d'abord dans la petite Île-de-France, le plus étendu et le plus riche du royaume ; à peine un siècle plus tard, la guerre de Cent Ans met fin à cette prédominance, et les rois anglais contrôlent tout l'ouest du royaume. Il fallut Jeanne d'Arc pour les faire renoncer. Au tournant du XVIe et du XVIIe siècle, Henri IV mit dix ans à pacifier la France déchirée par les guerres de Religion, à en chasser les troupes étrangères, Espagnols, Anglais, Allemands, à restaurer l'État en imposant la paix et la tolérance ; œuvre encore fragile, comme le montra après son assassinat la régence de Marie de Médicis.

En vingt ans, Richelieu réduisit les grands à l'obéissance, mais aussitôt après sa mort, sous la régence d'Anne d'Autriche, la Fronde porta le désordre à son comble et une dizaine d'années furent à nouveau nécessaires à Louis XIV pour asseoir solidement le règne de la monarchie administrative jusqu'à la Révolution.

En deux siècles, la France rompit l'encerclement de la maison d'Autriche, abaissa les Habsbourg et leurs prétentions dominatrices. Il fallut plusieurs générations d'affrontements tout au long du XVIIIe siècle et la défaite de Napoléon pour que l'Angleterre, qui avait perdu la première guerre de Cent Ans, sorte victorieuse de la seconde et s'assure la maîtrise mondiale des mers.

Que d'efforts fit la France, de 1914 à 1918, pour triompher de l'Allemagne avec l'aide de ses alliés, et combien fut-elle souvent proche du désastre ! Anéantie, en 1940, par la plus grande défaite de son histoire, elle n'émergea de l'abîme qu'en 1944, une nouvelle fois grâce à l'aide de ses alliés ; seule, elle le sait bien, elle n'y serait pas parvenue, et l'épreuve l'a marquée à jamais, l'atteignant dans l'idée qu'elle se fait d'elle-même et du rôle qu'elle s'attribue dans le monde ; elle feint d'agir comme si rien ne s'était passé, mais, au fond, elle sait bien que désormais tout est différent.

*
* *

Jeanne, elle, accomplit l'essentiel en trois mois ; sur la lancée, la France se ressaisit. Comment cela se serait-il passé si elle n'avait pas vécu ? Ni aussi vite, ni aussi bien, à coup sûr.

Un seul peut lui être comparé sur le plan militaire, un génie foudroyant : Bonaparte. Quelques mois de 1796 et ses victoires en Italie le campent comme le futur maître de la France et de l'Europe : Montenotte, Montebello, Lodi, Castiglione, Arcole, Rivoli. C'est alors qu'il a la prescience de son fabuleux destin. Ses premiers succès en Italie furent la période la plus heureuse, la plus enivrante de son épopée, parce que la plus inattendue. Il est jeune, et se révèle à lui-même : « Dès lors, j'ai prévu ce que je pourrais devenir ! Je voyais déjà le monde fuir sous moi, comme si j'étais emporté dans les airs », déclarait Napoléon à Sainte-Hélène.

Avec quelques milliers de soldats mal armés et équipés, peu formés, encadrés par des généraux plus âgés que leur chef de vingt-sept ans et qui le regardent avec condescendance, le jeune général Bonaparte impressionne par sa rapidité, son autorité, sa capacité à dissimuler et à surprendre, il écrase les armées autrichiennes, les chasse de la plaine du Pô et, franchissant les Alpes, s'élance en Autriche sur la route de Vienne. Déjà, il a imposé la paix au Piémont, conquis Milan, réduit à une neutralité complaisante Venise, le pape, Naples. Il se comporte en maître de toute la péninsule à laquelle il dicte sa volonté, négligeant les instructions du Directoire. Pourtant l'un des directeurs, Carnot, lui écrit : « Vous êtes le héros de la France entière ! » L'Europe contemple, étonnée, ce prodige qui semble dominer la politique, la stratégie, l'administration, la diplomatie, qui se saisit de tout avec une maîtrise qui la stupéfie.

Certes, tout n'était pas joué. Il faudrait à Bonaparte trois années encore pour rendre l'espoir à une France conquérante mais écartelée à l'intérieur par les désordres révolutionnaires, les conflits religieux, les antagonismes de classe, le passage douloureux d'un monde ancien à un monde nouveau. Mais, depuis la campagne d'Italie, pour ses contemporains rien ne lui était impossible, il régnait déjà sur les esprits ; en quelques mois, il s'était imposé comme le recours.

Autre point commun avec Jeanne : à son image, Napoléon est à la fois le symbole du succès et – même si Sainte-Hélène n'était pas Rouen, ni Longwood le bûcher – celui du martyre. Comme si la gloire devait déboucher sur la souffrance qui, seule, lui donnerait son rayonnement et sa signification. C'est de Jeanne puis de Napoléon que date la fascination du peuple français pour ceux qui l'ont servi, qu'il a aimés, et qu'ensuite il a oubliés quand il ne les a pas rejetés. Il y a une histoire française de l'ingratitude...

II

La mission de la France, celle des sauveurs

Jeanne croit en Dieu ; elle a une foi instinctive, un élan du cœur que rien ne peut brider, qu'elle ne perd pas de temps à démontrer ni à discuter avec les docteurs. Nul parmi ses ennemis, même aux pires moments de son procès, ne songe un instant à la mettre en doute ; on conteste son obéissance à l'Église, pas sa foi.

Jeanne croit en Dieu, elle se soumet à sa volonté quoi qu'il exige d'elle ; il l'a choisie, elle en est certaine. Il lui a confié une mission : libérer la France. Ce sont ses « voix » qui le lui ont dit, voix de saints qu'elle a, tout juste sortie de l'enfance, commencé à entendre plusieurs années avant son départ de Domrémy. Elle les a accueillies avec confiance, avec ferveur, sûre qu'elles lui parlaient de la part de Dieu.

Les voix de Jeanne, source de sa force intérieure et de son prestige auprès du peuple, objet des sarcasmes dont, de son vivant comme ensuite, elle a été l'objet de la part des esprits courts, des jaloux, de ses ennemis ! Que de commentaires ironiques, d'explications par la pathologie, comme si Jeanne était déréglée de corps et d'esprit ! Et pourtant à toutes les questions, à toutes les mises en doute, elle répondit par l'affirmation tranquille de sa certitude ; elle vivait une expérience mystique, elle n'était pas folle, elle ne simulait pas, elle était convaincue d'être en communication avec des puissances surnaturelles qui lui parlaient de la part de Dieu. Peu importe au fond que ce soit vrai ou non. L'essentiel, c'est qu'elle l'a cru, qu'elle a puisé sa foi et son courage dans ce message céleste. Sans ses « voix », Jeanne aurait-elle joué un tel rôle dans l'Histoire, aurait-elle été convaincue de sa mission, et la France aurait-elle été sauvée ? Sans doute pas. Il faut s'en tenir là. En ce temps si différent du nôtre, personne ne doutait qu'elle les eût entendues, mais ses détracteurs prétendaient qu'elles lui parlaient de la part du diable. Quoi qu'il en soit, elle ne cessa d'affirmer qu'elle n'avait « rien fait que par révélations ». Pouvait-on imaginer manière plus tranchante d'affronter l'autorité de l'Église dont les représentants multiplièrent à son procès les questions insidieuses et les pièges, afin de démontrer qu'elle était une sorcière et une hérétique ?

Dans Orléans assiégée où règnent à la fois l'angoisse et la volonté acharnée de résister, naît, on l'a dit, l'idée que le Ciel ne peut se désintéresser du sort de la ville, qu'il va lui envoyer un secours. Avant même d'apparaître sur la scène de l'histoire, avant d'avoir fait quoi que ce soit, Jeanne est déjà une légende. Légende née des rêves d'un peuple pieux, lui-même imprégné des croyances d'autrefois qu'elle évoque : « le bois des chênes », « l'arbre des fées », « l'arbre des dames ».

À Chinon, sans hésiter elle déclare à Charles VII : « Très noble Seigneur Dauphin, je suis venue et suis envoyée de par Dieu pour porter secours à vous et au Royaume. » Les divers témoignages ne varient guère. Ainsi, celui de son confesseur, qui rapporte ces propos de Jeanne à Charles : « Gentil Dauphin, j'ai nom Jeanne la Pucelle et vous mande le Roi des cieux par moi que vous serez sacré et couronné dans la ville de Reims et vous serez lieutenant du Roi des cieux et Roi de France. »

Lors de son procès et de son supplice, les voix sont constamment présentes à son esprit. Elle répond à Cauchon : « Mes voix m'ont dit certaines choses, non pour vous mais pour le roi… Ah ! s'il les savait il en serait plus aise à dîner... Je voudrais qu'il les sût et ne pas boire de vin d'ici à Pâques. » Elle fait front sans penser au danger : « Je viens de par Dieu, déclare-t-elle à ses juges, je n'ai que faire ici, renvoyez-moi à Dieu dont je suis venue... Vous dites que vous êtes mon juge ; avisez bien à ce que vous ferez, car vraiment je suis envoyée de Dieu, vous vous mettez en grand danger. »

Plus tard, elle déclare : « Les saintes me disent que je serai délivrée à grande victoire », et encore : « Prends tout en gré, ne te soucie de ton martyre : tu en viendras enfin au royaume de paradis. » À un juge qui lui demande si elle est sûre d'être sauvée et de ne point aller en enfer elle répond : « Oui, je crois aussi fermement ce qu'elles m'ont dit que si j'étais sauvée déjà. » Toujours les voix célestes opposées à l'autorité de l'Église.

Ce sont elles encore qui la ramènent à la vérité lorsque, dans un moment de faiblesse, elle consent à un aveu des fautes qu'on lui reproche et qu'elle s'est jusque-là toujours refusée à reconnaître : « Dieu m'a mandé par saintes Catherine et Marguerite de cette grande pitié, de cette forte trahison à laquelle j'ai consenti en faisant abjuration et révocation pour sauver ma vie et que je me damnais pour cela… Tout ce que j'ai dit et révoqué, je l'ai fait seulement à cause de la peur du feu… Je n'ai pas dit ni entendu révoquer mes apparitions, à savoir que c'était saintes Catherine et Marguerite. »

Dans son supplice, comme déjà les flammes l'entourent et commencent à l'étouffer : « Oui, mes voix étaient de Dieu, mes voix ne m'ont pas trompée. » Extraordinaire fidélité au message qu'elle était chargée de porter aux hommes, à son destin, admirable attachement d'une si brève vie à la redoutable mission assignée à une enfant !

Jeanne est imprégnée du divin, elle baigne dans la parole de Dieu que lui transmettent les voix de ses saints ; Dieu est toujours présent dans ses propos, ses combats, dans ses réponses aux interrogatoires de son procès, dans son supplice, dans son affreuse agonie. Martyre, elle n'a jamais douté, même aux pires moments de son malheur terrestre, de son lien privilégié avec Dieu. Elle entretient avec lui une relation spéciale sans nuages ni restrictions. Il compte sur elle pour accomplir le rôle qu'il lui a confié. Dieu, ou le destin ? Là aussi, quelle différence ? Si l'on ratiocine, l'on ne comprend rien à Jeanne, rien non plus à l'événement majeur de l'histoire que représente la déroute de l'envahisseur anglais : si Dieu a choisi Jeanne et l'a investie d'une mission, c'est qu'il aime la France.

*
* *

La guerre de Cent Ans, dans la cruauté des batailles, la violence des combats entre les factions, a vu naître le patriotisme français, un patriotisme à la fois charnel et religieux, le culte de la France et de son peuple, le peuple préféré de Dieu. Si par ses saints il a parlé à Jeanne, s'il l'a chargée d'agir, c'est parce qu'il veut sauver ce peuple qu'il a choisi : la foi est à l'origine de l'affirmation de la personnalité française. Naît, à l'ombre de Dieu, un sentiment national que renforce et justifie le loyalisme monarchique.

La préférence de Dieu pour la France face à l'Angleterre, le souci qu'il a d'elle, la volonté de garantir sa survie sont à tous les moments de son procès présents dans les propos de Jeanne.

Qu'on se reporte au compte rendu du « procès de Poitiers » : « Quand elle gardait les animaux, une voix s'était manifestée à elle, qui lui dit que Dieu avait grand-pitié du peuple de France et qu'il fallait qu'elle-même, Jeanne, vînt en France. En entendant cela, elle avait commencé à pleurer ; alors la voix lui dit qu'elle aille à Vaucouleurs et que là elle trouverait un capitaine qui la conduirait sûrement en France et auprès du roi, et qu'elle n'ait doute. Et elle avait fait ainsi et elle était venue auprès du roi sans aucun empêchement. »

Lors du siège d'Orléans, elle écrit aux Anglais le jeudi de l'Ascension : « Vous, Anglais, qui n'avez aucun droit sur ce royaume de France, le Roi des cieux vous ordonne et mande par moi, Jeanne la Pucelle, que vous quittiez vos forteresses et retourniez dans votre pays... Voilà ce que je vous écris pour la troisième et dernière fois. »

Au nom de Dieu qui veut la sauver, Jeanne affirme l'unité et la pérennité de la nation qui ne peut être ni soumise ni conquise. Selon Michelet, dans la guerre – « ce triomphe du Diable » – Jeanne porta l'esprit de Dieu. Dans l'idée qu'elle se faisait de sa mission, elle incarnait la conscience nationale, telle que la lutte contre l'envahisseur la faisait éclore. C'est son patriotisme même qui allait devenir son plus grand titre à la sainteté.

Ce que répète Jeanne, c'est que Dieu a choisi la France, qu'il a une prédilection pour elle, qu'en retour il lui assigne entre toutes les nations une mission particulière. Son destin historique est fixé. Il l'était d'emblée, de façon inexplicable, pour des raisons mystérieuses qui sont à l'origine de l'orgueil français et ont permis à la France de résister à toutes les épreuves sans perdre courage ni espoir.

Il y a la France, il y a le roi, qui l'incarne.

Charles VII, quel homme étrange ! Indéchiffrable, l'un des souverains les moins rayonnants de notre histoire, finalement l'un des plus heureux, et dont le règne mit fin à une crise nationale séculaire. Sa personnalité, insondable et contestée, sans doute décriée à l'excès, n'attire guère la sympathie. Pourtant ce roi taxé d'apathie, de dissimulation, d'indifférence a connu, après une jeunesse tragique, la chance et le succès.

Son caractère est insaisissable, voire trouble : on ne sait clairement ni quel il est ni ce qu'il veut. Dans sa relation avec Jeanne d'Arc, on n'observe aucune constance, rien sur quoi elle puisse durablement compter.

Tout d'abord, il y a la rencontre de Chinon, l'accord mutuel : ils se découvrent, se conquièrent.

Lorsqu'il entend la jeune bergère l'assurer de sa légitimité, il est transporté de bonheur, se convainc du caractère surnaturel de sa mission. Le roi autorise la bergère à venir à son secours. Jeanne, elle, est éblouie d'avoir accédé à lui, d'avoir obtenu sa confiance et son appui. Aux ordres de Dieu, elle va combattre pour lui.

C'est le succès : la délivrance d'Orléans, la victoire de Patay, les Anglais mis en fuite, la promenade de ville en ville jusqu'à Reims où le roi est sacré, Jeanne à ses côtés, son étendard à la main. Elle triomphe, sans trop le montrer ; il exulte, roi sacré selon l'antique tradition, seul légitime face à l'enfant Henri VI d'Angleterre, l'enfant étranger, le fils de sa sœur.

Mais l'euphorie ne dure guère, l'entourage du roi rechigne, intrigue, essaie de limiter l'influence de Jeanne ; il y parvient. Elle se heurte à la mollesse de Charles VII, à la mauvaise volonté jalouse de ses conseillers. Elle se révolte devant tant d'inertie et de lâcheté. Avec mauvaise grâce les troupes royales mettent le siège devant Paris. C'est l'échec. Le roi négocie alors une trêve avec son cousin le duc de Bourgogne allié aux Anglais et se retire sur les bords de la Loire. Jeanne a beau se plaindre qu'on laisse passer la chance, qu'on brise l'élan de la nation qui ressuscite, c'est peine perdue. L'hiver se passe en repos forcé.

Lorsque reprennent les hostilités au printemps 1430, elle est seule, la plupart des grands seigneurs l'ont abandonnée, le roi est loin. Au siège de Compiègne, les Bourguignons la font prisonnière. De longs mois de négociations sont nécessaires pour son transfert à Rouen, sous la garde des Anglais. Une vague de désespoir et de supplication soulève le peuple ; le roi et son entourage y demeurent indifférents. Charles VII reste silencieux, ne fait rien pour la libérer, n'envoie pas le moindre message aux Bourguignons et aux Anglais, ni proposition de négociations, ni promesse de rançon. Un an de martyre, l'emprisonnement, l'humiliation, le procès, le supplice, la mort. Le roi ne dit rien, ne fait rien. Il est absent. Indifférent ?

Vingt ans après, Charles VII s'empare de Rouen, la guerre de Cent Ans est près de se terminer. Il ordonne la réouverture du procès de Jeanne, stigmatisant « les fautes et abus » de celui de 1431. L'enquête reprend, les témoignages affluent, le vrai procès commence, qui n'est pas la révision du précédent, proclamé nul et non avenu en 1456 au terme de l'enquête. Les accusations de

Cauchon sont réfutées, aucune ne résiste à l'examen, Jeanne est lavée de toute hérésie, de tout crime. Acte politique de Charles VII répondant à l'attente populaire, spécialement celle des Rouennais ? Manifestation de repentir, de reconnaissance ? Nul ne le sait.

Que s'était-il passé dans l'âme, si longtemps tourmentée, de Charles VII, fils de roi renié par sa mère, tenu pour coupable du meurtre de Jean sans Peur à Montereau, héritier d'une couronne à l'encan, d'un royaume déchiré où son autorité n'avait pas été reconnue aussi longtemps qu'il était demeuré, malgré la mort de son père Charles VI, simple dauphin trop faible pour s'imposer et se faire sacrer à Reims ? Les trahisons, les accidents se multipliaient ; hanté de cauchemars, il avait peur la nuit ; timide, complexé, redoutant de montrer ses terreurs, il s'enfermait dans la solitude, fuyait les visages nouveaux, dissimulait son bégaiement quand une mauvaise nouvelle le surprenait ; il errait sur les bords de la Loire, entre ses diverses demeures. L'arrivée de Jeanne dans sa vie crée un choc ; après sa rencontre avec elle, il est radieux ; plus tard les premiers succès militaires lui donnent confiance, le sacre l'épanouit même s'il ne le libère pas tout à fait de ses complexes. Il deviendra un roi véritable, admiré, en dépit d'un physique disgracieux, pour sa culture et ses succès, il sera « le victorieux », renommé pour sa science du gouvernement, et pour avoir réunifié le royaume sous son autorité. Quoi de commun en effet entre la France de 1422 et celle de 1460, à sa mort ?

Jeanne lui a voué sa foi, sans retour. Elle l'écrit aux habitants de Reims et à ceux de Troyes : il est son « droiturier et souverain seigneur » auquel sont dues obéissance et reconnaissance. Enfant, elle a prié pour le dauphin dépossédé de son héritage, elle a compati à ses souffrances, souhaité de toute son âme sa victoire. Dans le succès ou l'épreuve, dans la joie ou la tristesse, elle ne change pas. Pendant le procès, il l'abandonne, ne cherche même pas à la délivrer, mais elle ne le renie pas, elle prend même sa défense quand les juges au service des Anglais l'attaquent : « Je sais bien que mon Roi gagnera le royaume de France, je sais bien comme je sais que vous êtes devant moi en juges. » Elle parle de lui non pas avec des mots appris, non pas en termes juridiques pour affirmer sa souveraineté, mais avec chaleur, émotion, sentiment, ferveur. Elle lui a donné sa foi, elle est à son service, quoi qu'il arrive, quoi qu'il fasse ou ne fasse pas. Charles VII a beau paraître lointain, indifférent, voire n'être pas à la hauteur de sa tâche, peu importe, il est le roi. Que son cœur soit sec, qu'il soit ingrat, cela ne change rien à l'affaire. Le lot commun des serviteurs est de ne pas voir leur mérite reconnu ; c'est encore plus vrai des sauveurs, toujours soupçonnés de vouloir ravir la vedette, sinon même de prendre la place de ceux qu'ils servent trop bien. Deux siècles plus tard, Louis XIII sera l'un des rares souverains français à se comporter autrement : il a su manifester sa gratitude à Richelieu, qu'il n'aimait pas mais dont il reconnaissait la supériorité ; il est vrai que le cardinal y mettait les formes et prenait grand soin de laisser au roi les apparences de l'initiative et de l'autorité.

*

* *

Finalement, quel est le véritable mystère de Jeanne ? Bien plus que celui de ses succès, celui de sa mission. Elle en est certaine depuis toujours ou presque : Dieu, « véritable roi de France » dont le monarque n'est que le lieutenant sur terre, a tracé sa vie ; elle s'estime, au sens propre, prédestinée. De cela, elle ne doute pas un instant ; d'où ce langage d'autorité alors qu'elle n'a rien accompli encore ni apporté la moindre preuve de ce qu'elle proclame. Il faudrait expliquer comment cette assurance a pu venir à une si jeune fille si simple. Intuition de ce qu'il faut faire pour sortir la France du gouffre ? C'est la thèse de Michelet. Mission divine ? Qui le saura jamais ? Quoi qu'il en soit, une fois son œuvre accomplie, sa mission est finie, comme si sa vie n'avait plus de sens. À son procès, elle témoigne pour sa vérité, pour son honneur et parce qu'il n'est guère dans son caractère de faiblir ni de composer, mais son courage à affronter ses juges montre bien qu'elle est sans illusion sur le sort qui l'attend.

Jamais elle n'a douté. À peine arrivée à Chinon, venant de Vaucouleurs avec sa maigre escorte de compagnons et avant même de rencontrer le roi, elle déclare : « Il n'y aura secours si ce n'est de moi… quoique j'aimasse mieux rester à filer près de ma pauvre mère… Mais il faut que j'aille et que je fasse, parce que mon Seigneur le veut. » La même certitude tranquille inspire la lettre, déjà citée, envoyée à Bedford, régent de France pour le compte du roi anglais.

À Reims, lors du sacre, c'est l'apothéose ; elle déclarera au sujet de son étendard, qu'elle tient pour la circonstance à la main : « Il avait été à la peine, c'est bien raison qu'il fût à l'honneur. » Elle s'agenouille devant Charles VII : « Gentil roi, ores est exécuté le plaisir de Dieu qui voulait que je lève le siège d'Orléans et que je vous amène en cette cité de Reims recevoir votre saint sacre en montrant que vous êtes vrai roi et celui auquel le royaume doit appartenir. » Quelques mois lui ont suffi. Comment douterait-elle de la nature divine de sa vocation ?

Elle a une certitude inébranlable, Dieu lui a tracé son destin, c'est inexplicable mais c'est ainsi. Il n'y a là nulle superstition, nulle magie, mais un appel de Dieu, récompense de sa foi et de sa piété ou bien choix mystérieux, signe du bon plaisir divin que rien n'explique. Contre ce roc de certitude, toutes les arguties se briseront, toutes les habiletés seront inutiles.

Ce qu'il y a de plus extraordinaire, ce n'est pas qu'elle se soit crue investie d'une mission, elle ne serait ni la première ni la dernière en ce cas, que celle-ci lui ait été conférée par le Ciel, le destin, les circonstances ou par elle-même ; ce n'est pas qu'elle soit tellement à l'aise, assurée de son rôle, d'autres le furent aussi ; c'est qu'elle ait réussi de manière aussi foudroyante.

Comment donner un sens à sa destinée sans invoquer le mystère ? Justification facile et irritante, façon d'éclaircir l'énigme sans avoir à rien expliquer.

Ce mystère, quel serait-il ? Celui d'une naissance royale ? Jeanne serait le fruit des amours illégitimes de la reine Isabeau avec son beau-frère assassiné, Louis d'Orléans, ce qui pourrait expliquer sa science des armes et l'accueil qui lui fut fait. Rumeur tenace, bien qu'il n'existe aucune preuve pour l'étayer, et que les dates la rendent invraisemblable ; de toute façon cela n'éclairerait en rien le caractère prodigieux de l'aventure. Ce qui demeure mystérieux, c'est cette action fulgurante, ce retournement de l'histoire, cette résurrection spectaculaire de l'âme d'un peuple défait et abattu ; rien n'y avait préparé la France, rien n'y avait prédisposé cette jeune femme, paysanne sans instruction brusquement entourée d'une ferveur qui entraîne tout un peuple. Superstition, magie, sorcellerie pour ses adversaires ; preuve de sainteté, d'onction divine pour ses partisans. Et pour nous, près de six siècles après ?

Certes, Jeanne avait une personnalité extraordinaire que font apparaître les archives de son procès – c'est un service que lui ont rendu sans le vouloir ses bourreaux avec leurs tortueux interrogatoires auxquels elle répondit avec une concision percutante, un bon sens foudroyant. Ces mauvais juges, au lieu de la réduire au silence et à l'obéissance, ont révélé à la postérité qu'elle avait réalisé « la plus fidèle et la plus prochaine imitation de Jésus-Christ », selon Léon Bloy. « La plus grande sainte de la France et du monde », dit de son côté Péguy, l'une des personnalités les plus exceptionnelles de l'histoire. Cela suffit-il à tout expliquer, son succès et son destin ? Comment exclure le mystère ? Qui s'y risquerait ? En tout cas, le sentiment populaire s'y refuse. L'aventure a commencé avant même l'arrivée de Jeanne à Chinon, s'est déroulée comme elle l'avait annoncé. Elle a accompli la tâche qu'elle s'était publiquement fixée. Amis comme adversaires, tous ont été subjugués.

L'acte d'accusation relate ses déclarations lors de l'interrogatoire du 13 mars 1431 : « Un ange donna un signe à son roi... L'ange a certifié à son roi en lui apportant la couronne qu'il aurait tout le royaume de France, entièrement, avec l'aide de

Dieu. Quant à la couronne, elle fut remise à l'archevêque de Reims... qui la remit au roi en présence de Jeanne... L'ange vint par le commandement de Dieu devant son roi et fit la révérence devant lui... Quant à la couronne, elle fut apportée de par Dieu, et il n'y a orfèvre au monde qui sût la faire si belle et si riche. »

Mystère de Jeanne : les voix, les signes, les apparitions, la certitude d'un destin d'exception, la soumission totale à la parole de Dieu quoi qu'il en coûte. Une foi simple, sans nuances, la confiance en Dieu sans calculs ni restrictions. Au début des apparitions, à peine se sent-elle submergée par la tâche qui l'attend. Très vite, elle s'abandonne à la volonté de Dieu. Quand, au cours de son procès, on lui demande : « Pourquoi vous plutôt qu'une autre ? », elle répond : « Il plut à Dieu ainsi faire par une simple pucelle, pour rebuter les ennemis du roi. » Si l'on n'admet pas le mystère, que peut-on comprendre ? Dans quelle autre vie le merveilleux, le divin sont-ils aussi présents ?

*
* *

La vocation de Jeanne a quelque chose d'unique, même si d'autres avant elle avaient fondé leur rôle sur un message céleste, si d'autres le firent après.

À l'aube de la monarchie, parmi tous les chefs barbares, les rois francs sont choisis par l'Église, ils sont investis d'une mission conférée par Dieu, ils affrontent avec son soutien leurs rivaux, tous adeptes de l'hérésie arienne ; déjà, ils sont les champions du catholicisme. Cette mission constitue le fondement de leur légitimité, sert de prétexte à leurs conquêtes, de justification à leur violence guerrière. Plus tard, au VIIIe siècle, Pépin le Bref s'érige en protecteur de la papauté, lui octroyant un domaine temporel, lui apportant son aide chaque fois que nécessaire. Ce rôle, aucun de ses successeurs ne l'abandonnera, même face à l'empereur germanique, même quand Philippe le Bel humiliera le pape à Anagni, contraignant son successeur à s'installer à Avignon pour mieux le contrôler.

Peu à peu, le roi de France a transformé les évêques et les abbés sur lesquels il s'appuie en relais de son autorité. L'Église, comme les villes, lui sert à lutter contre l'insoumission des grands féodaux. Pouvoir temporel et pouvoir spirituel étant étroitement liés, le premier ne se justifie que par l'investiture du second. En effet le roi de France n'est pas simplement couronné, mais sacré, tel un « évêque du dehors » ; seul parmi tous les souverains d'Occident, il est doté de pouvoirs religieux, même si le roi d'Angleterre s'efforce d'accréditer l'idée qu'il en possède d'identiques. C'est un roi thaumaturge, il guérit les écrouelles. Le Capétien, aux yeux des théologiens, est le successeur du roi David, oint du Seigneur, et le peuple franc prend la suite d'Israël comme peuple élu de Dieu, meilleur soldat à son service. Lieutenant de Dieu sur terre, le souverain doit accomplir ce qu'il attend de lui, faute de quoi son autorité sur ses sujets n'a ni sens ni justification. De Clovis et Charlemagne à Hugues Capet et Saint Louis, tous les rois le reconnaissent, le proclament, tentent de le démontrer, et Louis XIV n'en doutera pas non plus. La France est la « fille aînée » de l'Église, son soutien, son rempart, son bras séculier, car Dieu agit à travers les Francs : « *Gesta Dei per Francos* ». Dieu sert d'appui et de recours à la monarchie française, ce qui confère à celle-ci des droits et des privilèges, mais aussi des devoirs ; elle ne peut être infidèle au rôle dont elle tient son autorité sur le peuple.

*
* *

Après Jeanne d'Arc, on théorisera dans un corps de doctrine la monarchie de droit divin, on justifiera par une investiture céleste, à la fois une faveur et une charge, l'autorité des rois Valois, puis Bourbon. Attenter à l'autorité royale est plus qu'un crime ordinaire, c'est un péché contre la loi divine ; parmi d'autres, Bossuet en fit la démonstration à la grande satisfaction de Louis XIV – lequel, à vrai dire, n'avait nul besoin d'être conforté dans sa conviction que quiconque s'opposait à lui violait la volonté céleste.

Pour un prédicateur du XVIIIe siècle, « Dieu délivra les Français pour apprendre à l'univers qu'il veille sur nous et sur nos rois... Ainsi se forma la puissance de notre monarchie... Que les prétendus esprits forts ouvrent les yeux à la lumière. » Ce patriotisme royaliste est renforcé par l'accent mis sur la fonction protectrice de la Pucelle envoyée jadis par Dieu pour sauver la monarchie. Mais pour un autre, « Jeanne d'Arc, par son courage et ses actions, a relevé l'État, l'a affermi. L'amour seul de la Patrie lui inspira le généreux dessein de secourir le Roi. » Mission divine ? Mission humaine ? Depuis les Lumières, ce balancement n'a guère cessé, des royalistes aux républicains, des catholiques aux incroyants.

Plus tard encore, quand la démocratie installe son règne, que le peuple remplace Dieu comme source de la légitimité, le pouvoir continue d'avoir besoin de justifier son existence et son bon droit, il s'estime au service d'une idée, d'une mission que lui assigne l'autorité qui lui est supérieure : Dieu ou le peuple, n'est-ce pas tout un ? Au fond, qu'est-ce qui a changé ? Depuis Jeanne d'Arc, le pouvoir n'est digne d'être respecté, obéi que s'il reste fidèle au rôle fixé par une volonté qui transcende les événements. Cette volonté est indépendante de la sienne, elle lui est supérieure ; il est un instrument à son service, qu'elle utilise à son gré selon les circonstances du moment.

Au XIXe siècle, Jeanne est présentée, souvent sans référence à la monarchie, comme une enfant du peuple ne sachant ni lire ni écrire, comme le bras de Dieu qui anéantit les ennemis de la France. Elle incarne la mission exceptionnelle de la nation. En 1869, pour Mgr Dupanloup, évêque d'Orléans : « La France... par la main d'une jeune fille, recommença le cours de ses glorieuses et incomparables destinées qui ne sont pas achevées ; et, demeurant fille aînée de l'Église catholique, elle se préparait à marcher désormais à la tête des peuples européens, reine du monde civilisé ! Tel fut le prix du sacrifice ! » À la fin du siècle, le comte de Chambord, dernier prétendant Bourbon, veut le croire aussi : « Dieu n'abandonnera pas ses Francs » ; il s'était cependant détourné d'eux depuis longtemps.

La foi dépérit, Dieu s'éloigne, mais la France, aussi laïque et libérée des vieilles croyances qu'elle se veuille, s'estime encore le peuple élu, investi par le destin d'une mission qui lui confère une supériorité sur les autres nations : la Révolution française a imaginé une société nouvelle qui sert de référence au monde entier, de l'Europe à l'Amérique, de l'Asie à l'Afrique ; les droits de l'homme, inventés et définis par elle, deviennent la nouvelle religion universelle, source du droit, souvent alibi de la volonté de puissance des peuples les plus forts. La France se contemple comme un modèle mondial qui concilie le progrès, la justice, le respect d'autrui, la tolérance. Aujourd'hui on parle d'« exception française », formule qui justifie la recherche obstinée de l'originalité, de la différence, le refus d'accepter les règles communes et les comportements auxquels les autres doivent se soumettre. L'égoïsme français se nourrit d'un sentiment de supériorité.

Sans doute d'autres peuples se sont-ils eux aussi, à certains moments de leur histoire, regardés comme porteurs de lumière, guides et référence : les Allemands, les Russes, les Anglais, les Chinois, aujourd'hui les Américains. Mais les Français sont les seuls à se croire depuis les origines et sans désemparer un peuple à part.

Jeanne est le symbole de cette auto-contemplation de la France, éblouie par la préférence que lui ont manifestée Dieu puis l'Histoire. Depuis son épopée, les grandes destinées françaises sont patriotiques et vouées à exalter l'orgueil collectif. Sa mémoire est inséparable du nationalisme français.

*
* *

De cette tradition, de Gaulle est après Jeanne la meilleure illustration. Relisons les premières phrases de ses *Mémoires de guerre* : « Toute ma vie, je me suis fait une certaine idée de la France. Le sentiment me l'inspire aussi bien que la raison. Ce qu'il y a, en moi, d'affectif imagine naturellement la France, telle la princesse des contes ou la madone aux fresques des murs, comme vouée à une destinée éminente et exceptionnelle. J'ai, d'instinct, l'impression que la Providence l'a créée pour des succès achevés ou des malheurs exemplaires... Le côté positif de mon esprit me convainc que la France n'est vraiment elle-même qu'au premier rang... Bref, à mon sens, la France ne peut être la France sans la grandeur. » Et plus loin : « En somme, je ne doutais pas que la France dût traverser des épreuves gigantesques, que l'intérêt de la vie consistait à lui rendre, un jour, quelque service signalé et que j'en aurais l'occasion. »

Que de points communs avec Jeanne ! De Gaulle aime son pays, de toutes les fibres de son être, instinctivement, sans raisonner ni discuter ; la France a dans le monde une mission à nulle autre pareille et qu'elle est seule à pouvoir accomplir. C'est pour cela qu'elle doit survivre, l'épreuve qu'elle traverse peut être mortelle, rien ne compte que de se porter à son secours, tout doit être sacrifié à ce but. De même que Jeanne sait que la France peut être sauvée si, refusant le découragement, elle se rassemble autour de son roi, de Gaulle sait que si elle continue à se battre

71

contre les Allemands, elle pourra, car elle n'est pas seule, prendre rang avec ses alliés parmi les vainqueurs ; l'une et l'autre voient plus loin que la crise présente, ils possèdent une exceptionnelle intelligence des situations ; de Gaulle, officier traditionaliste, issu de la bourgeoisie de service, a le courage moral de rompre avec son milieu, comme Jeanne a su quitter la ferme familiale et sa province reculée.

Une différence toutefois : dans le cas de Jeanne c'est Dieu qui la choisit, les voix des saints lui révèlent son destin, son devoir ; elle répond, elle obéit, au début avec crainte et presque à contrecœur. De Gaulle en revanche se choisit lui-même sans hésiter, bientôt il ne se reconnaît plus de supérieur, ne répond à aucune sollicitation, ne se met au service de personne ; avec la poignée de fidèles qui l'entourent, il est la France souffrante, il sera la France triomphante. Il le restera trente années durant, jusqu'à sa mort, qu'il soit au pouvoir ou non. Il ne cessera plus de parler au nom de la France, qui dit le bien et le droit pour le reste de l'univers, parce qu'elle est seule à pouvoir le faire. Il l'affirme, tantôt sérieux, évoquant « la légitimité nationale » qu'il représente « depuis trente ans », tantôt narquois pour approuver le propos d'un de ses ministres : « Il y a mille ans que je le dis ! »

Un an après le début de son épopée, quelle passion il exprime ! « Trêve de doutes ! Penché sur le gouffre où la patrie a roulé, je suis son fils, qui l'appelle, lui tient la lumière, lui montre la voie du salut. Beaucoup, déjà, m'ont rejoint. D'autres viendront, j'en suis sûr ! Maintenant j'entends la France me répondre. Au fond de l'abîme, elle se relève, elle marche, elle gravit la pente. Ah ! Mère, tels que nous sommes, nous voici pour vous servir ! »

*

* *

Mais de Gaulle ne se reconnaissait pas de maître. Jeanne, elle, sert un homme : le roi. D'où chez elle, comme chez les grands serviteurs de la monarchie, cette fidélité inconditionnelle, ce dévouement absolu à une réalité symbolisée par un homme par-delà ses qualités et ses défauts. Elle sert non pas une idée abstraite, celle de l'État, mais une réalité charnelle, celle de la nation incarnée. Charles VII fut « le bien servi » ;

tout en veillant à ses propres intérêts, à ses ambitions, à sa gloire, chacun servait aussi la France dont le roi était l'expression. La personne royale est idéalisée, comme transfigurée, Charles est plus que lui-même, nul ne s'étonne qu'il exige et reçoive beaucoup, ne donne en retour que par moments et de façon précaire ; ses favoris successifs l'apprendront à leurs dépens.

La fidélité de Jeanne au roi c'est l'éclosion d'un patriotisme tenace. On sort de l'âge féodal, le Moyen Âge prend fin, le pouvoir sur le peuple n'est pas un privilège qu'on se transmet au gré des humeurs, des intérêts, des rapports de force. S'instaure une nouvelle relation entre les hommes et l'autorité qui s'exerce sur eux, et surgit un mythe, celui de la légitimité qui transcende toute l'histoire et lui donne son sens. Jeanne exprime cela en termes plus simples et plus convaincants que tous les théologiens, juristes et politiques, elle en témoigne par sa vie, par sa victoire, par son supplice, par sa mort.

Loyalisme monarchique, plus tard loyalisme républicain. C'est d'abord le sentiment national qui emporte les adhésions, suscite les dévouements sans lesquels l'épreuve, qu'elle soit ou non due à la défaillance du pouvoir, ne pourrait être surmontée. Ce dévouement au pouvoir légitime, quelle est sa source ? On peut l'expliquer par la force et la permanence de l'idéal sur lequel repose la cohésion collective. Cela fait-il au sentiment la place qui lui revient ?

Légitimité royale : celle de Charles VII l'emporte sur les guerres et les rébellions, après lui Louis XI, et au siècle suivant Henri III tiennent bon. Enfin, à la mort de ce dernier, Henri IV assied l'autorité des Bourbon, seuls successeurs incontestables des Valois aux termes de la loi salique ; Louis XIII et Louis XIV, ses fils et petit-fils, voient le pays se ranger sous leur autorité après les troubles suscités par les grands durant leur minorité ; chaque fois la France se ressaisit autour de son roi et surmonte les défaites, en particulier celles de la guerre de succession d'Espagne.

Un siècle plus tard, après le désastre de la campagne de Russie dont il est le seul responsable, malgré la conspiration de Malet qui montre la fragilité lorsqu'il est au loin du régime qu'il a fondé, Napoléon à son retour n'eut guère de mal à se faire obéir ; on l'aimait encore, il avait été couronné par le pape, son pouvoir était indiscuté, il était toujours la France. Mais quand on en vint à ne plus le craindre parce qu'il avait cessé d'être le plus fort, qu'il perdait des batailles, que la France était envahie par toutes les armées de l'Europe coalisée, qu'il était abandonné par les maréchaux, ses compagnons de gloire, on l'aima moins ; bientôt, il devint importun, on le chassa pour se rallier à un roi revenu « dans les fourgons de l'étranger ». Pouvoir trop récent, dont la seule assise était le succès. Assise fragile !

Légitimité républicaine : ayant, en 1793, mis à mort son roi afin d'asseoir durablement un nouvel ordre, la France est à la recherche de la stabilité, de la permanence, du poids de l'autorité, et d'autant plus que son histoire est pleine pendant deux siècles de désordres civils et de bouleversements politiques. À tour de rôle, et pour des raisons diverses, Thiers, Clemenceau, Pétain, de Gaulle ont été les bénéficiaires de cette quête. Légitimité, notion essentielle dans la pensée de De Gaulle, qui s'en estimait investi dès lors qu'il avait, le premier, vu clair et ensuite tiré la France de l'abîme. Aujourd'hui encore, et à sa suite, les Français vivent dans une monarchie républicaine à laquelle ils sont attachés ; malgré des accès de colère du peuple contre lui, comme en mai 1968, malgré les cohabitations qui lui enlèvent une bonne part de son crédit, malgré les polémiques, on passe ses défauts au monarque : il a reçu une onction, celle du peuple et non plus celle de Reims. Force durable d'une nostalgie ! Ce sentiment n'est d'ailleurs pas propre aux Français, il existe dans l'âme de tous les peuples, mais il est plus remarquable, par sa force et sa permanence, dans une nation peu portée aux disciplines collectives, versatile, prompte aux affrontements civils.

*

* *

Il y a toujours quelque chose d'inexplicable dans les grands destins. La chance joue un rôle, que savent saisir les personnalités hors du commun, mais souvent aussi la raison fournit quelques explications pour comprendre le succès.

Parmi ceux qui entendent plier à leur volonté les événements et les hommes, on n'en trouve aucun qui entretienne le doute sur lui-même ; s'ils doutaient, l'échec serait assuré. On l'a vu, Charlemagne, Saint Louis, Louis XIV sont, chacun à leur manière, fermement convaincus qu'ils sont désignés par Dieu pour conquérir, légiférer, gouverner leurs sujets, réprimer les désordres, imposer l'autorité de droit divin dont ils sont investis. Ils s'inscrivent dans une filiation, dans une tradition, chacun est un maillon d'une histoire commencée avant eux et continuée après. Plus tard, les sauveurs qui surgiront à la faveur des drames des périodes troublées se fixeront à eux-mêmes leur propre mission en invoquant le « destin », mot vague et donc commode qui justifie l'ambition au nom d'une finalité supérieure à laquelle le sauveur feint de devoir se soumettre.

C'est Bonaparte, général de vingt-sept ans, qui, en Italie, prend conscience que ses victoires démontrent ce dont il a toujours rêvé : une destinée d'exception. La conviction qu'il a pour mission d'établir en France et en Europe un ordre nouveau afin d'établir une monarchie universelle ne le quittera plus.

C'est Thiers, à la fois impulsif et retors, à son goût trop longtemps tenu à l'écart par le Second Empire, qui, à l'occasion de la défaite de 1870, trouve enfin un rôle à sa mesure, et noie la Commune dans le sang sans reculer devant la cruauté d'une répression féroce, comme s'il voulait punir le peuple parisien de lui avoir fait si souvent peur, empêche Gambetta d'organiser la levée en masse pour chasser les Prussiens, tant il redoute l'effervescence révolutionnaire. La France, amputée de l'Alsace et d'une partie de la Lorraine, nourrit durant deux générations un désir de revanche et d'affrontement avec l'Allemagne, l'une des causes de la guerre de 1914 qui déchira l'Europe et mit fin à sa suprématie sur le monde. Mais Thiers avait enfin joué sa partition, établi la république bourgeoise, accepté l'humiliation du traité de Francfort, gagné, grâce au paiement rapide de l'énorme indemnité imposée par Bismarck, le titre de « libérateur du territoire ».

C'est Clemenceau, cynique et brutal mais plein de caractère et de talent, longtemps tenu en suspicion, qui, un an avant la fin de la Première Guerre mondiale, s'impose à la Chambre des députés – alors que déjà Verdun était sauvé et les Américains entrés en guerre –, convainc l'opinion et Poincaré, président de la République, son adversaire de toujours, qu'il est le seul capable de galvaniser le pays pour le dernier effort. « Le Père la Victoire » à la publicité savamment organisée, qui rate la paix, dépèce l'Europe centrale par un sectarisme rétrograde qui voit un danger dans la double monarchie des Habsbourg, laisse l'Allemagne puissante entourée d'États nouveaux petits et fragiles, et finalement ouvre la voie à la domination hitlérienne moins d'une génération plus tard.

C'est Pétain, convaincu d'être le sauveur dont, après le désastre de 1940, la France a besoin pour se régénérer et continuer d'exister malgré l'occupation allemande, Pétain qui couvre de son prestige les pires exactions, les moins pardonnables lâchetés du gouvernement de Vichy, ne met jamais en doute le sens de son action, acclamé, adulé par le peuple presque jusqu'au dernier jour, vénéré comme l'incarnation de la patrie souffrante.

C'est de Gaulle qui, en cette même année 1940, sans hésiter un instant, saisit le moment où tout bascule pour s'insurger et entre, lui officier quinquagénaire, en dissidence, appelle à la résistance et organise le combat de tous ceux qui ne se résignent pas à la défaite. À force de chance, d'astuce et d'intransigeance, il s'impose à tous, alliés, armée, partis, syndicats, résistants, rivaux ; parce qu'il a su désobéir, et transformer sa désobéissance à l'ordre établi en source de légitimité supérieure, il devient l'une des grandes figures de l'histoire, une référence en France et dans le monde.

Pas plus que le doute la modestie ne sied aux meneurs d'hommes. Jeanne n'en fit jamais preuve, et pas davantage ceux qui ensuite, à plus ou moins juste titre, se drapèrent dans le manteau du sauveur. Tous, à leur manière et à leur époque, ont renversé le cours des choses, utilisant l'événement pour affirmer leur rôle et leur pouvoir : les Anglais sont ramenés à la raison, les souverains de l'Europe acceptent l'arbitrage du roi de France ; plus tard, après les guerres religieuses et leurs violences, la France se trouve apaisée par un effort de tolérance aussi prémonitoire que provisoire ; plus tard encore, la France, rassemblée autour de sa monarchie victorieuse des factions, impose sa loi à l'Europe et à la maison d'Autriche ; la France révolutionnaire fait face à toute l'Europe des princes coalisés, repousse l'invasion par la levée en masse et se convainc que des temps nouveaux s'ouvriront grâce à la Terreur ; puis la France ordonnée fait un tri dans l'héritage de dix années de tumultes à la fois destructeurs et créateurs, met en place des institutions civiles et administratives stables ; la France de 1940, vaincue comme elle ne le fut jamais, se souvient qu'elle n'est pas seule, que bon gré mal gré des alliés finiront par venir à son secours et organise la résistance à l'oppresseur. À croire que la France ne redoute pas les épreuves qu'elle s'inflige à elle-même par son imprévoyance et ses désordres, tant elle est certaine que toujours un homme providentiel viendra la tirer de l'abîme.

À ces réussites exceptionnelles, il existe des explications, nul besoin de faire appel au surnaturel pour les comprendre toutes. Avec Jeanne, c'est autre chose.

III

Les sauveurs et les Français

Au XVe siècle, époque de transition entre la société féodale et la monarchie administrative, la France était émiettée en grandes provinces et petites baronnies dont les seigneurs entretenaient des fidélités diverses, confuses, variables, souvent inspirées par leurs intérêts égoïstes. L'esprit national, le dévouement au bien public, l'attachement au roi n'y tenaient guère de place.

En 1429, il y avait les partisans du dauphin, ceux des Anglais et encore ceux du duc de Bourgogne, lui toujours à l'affût d'agrandissements, d'héritages, de rapines, passant de l'Angleterre à la France au gré des occasions, mais se sentant encore français, à l'inverse de son fils Charles le Téméraire. Il y avait aussi les grands officiers et les bourgeois de l'entourage du roi, constamment soucieux, comme tous les entourages, de préserver leur influence et leurs prébendes, opportunistes jaloux de leur pouvoir, prêts à ne laisser passer aucune occasion fructueuse, à changer de mouvance, à se rallier à celui qui semblait devoir être le plus fort. Pour les uns et pour les autres la guerre, si affreuse fût-elle, si cruelle au peuple, était source de profit, d'influence politique, d'ascension sociale.

C'est dans ce monde-là que la pauvre Jeanne, si droite, si pure, si courageuse, dut affirmer sa place ! Les puissants la craignaient, car elle menaçait leur influence. Dès le début, elle fut la victime de la méfiance, de l'animosité des favoris du dauphin. Elle venait pour l'inciter à agir. Lorsqu'elle lui réclamait des soldats, les conseillers, les légistes et autres grands officiers s'inquiétaient, exigeaient des précisions, émettaient des doutes, invitaient leur maître à la prudence.

Enfin, Charles se laissa convaincre, il accorda à Jeanne ce qu'elle réclamait pour délivrer Orléans. L'armée se rassembla à Blois, agglomérat de bandes et de troupes amenées par des chefs stimulés par la perspective de la bataille, celle du butin, quelques-uns peut-être par le salut du royaume.

La Hire, Gilles de Rais, Xaintrailles, le duc d'Alençon – « le beau duc » de Jeanne – Raoul de Gaucourt accoururent, se rassemblèrent autour de la vierge qui voulait sauver la France et son roi. Faisant taire les railleries, La Hire proclama le premier son dévouement ; d'autres chefs suivirent. Pour un temps seulement, celui de la libération d'Orléans, de la victoire de Patay, du sacre de Reims, celui de la victoire et du succès. Rudes, cruels – qu'on songe au destin ultérieur de Gilles de Rais ! –, ces hommes de guerre connurent auprès de Jeanne quelques mois d'exaltation, un bonheur qui marqua leur vie entière. Ces capitaines étaient des chevaliers, ils avaient un entrain, un courage, une générosité dont étaient dépourvus les ministres, les clercs et les évêques de la Cour. Finalement, ce sont ceux-ci qui l'emportèrent et eurent raison de Jeanne.

Reims ! Charles VII reçoit l'onction des saintes huiles. Il peut tout oser, pourtant il attend, il hésite à poursuivre la guerre ; ses conseillers le mettent en garde contre les dangers, ils ont peur pour eux-mêmes, pour leur influence, ils craignent qu'à l'instigation de Jeanne l'union du peuple et du roi les emporte, qu'un succès foudroyant les rejette sur les marges du pouvoir ; ils préfèrent les négociations secrètes, les retournements d'alliances, les palabres, les compromis qui laissent à chacun une part d'autorité. Ils gagneront.

Comment pardonneraient-ils la gloire acquise sans eux ? Les proches du roi sont jaloux. À tout prix ils veulent empêcher Jeanne d'être plus puissante encore, ils mettent en garde un roi déjà enclin aux atermoiements. Charles VII pense que ce qui vient de se passer est si miraculeux qu'il ne faut pas le compromettre par une initiative intempestive ; il retombe en particulier sous l'influence de La Trémoille. Jeanne se sent abandonnée, seuls lui demeurent fidèles Dunois, le bâtard d'Orléans, et le duc d'Alençon. Charles VII la contraint à lever le siège de Paris et à le rejoindre avec Alençon et les autres capitaines ; il a décidé de se retirer vers la Loire. Ses conseillers ont gagné, une trêve fragile et trompeuse a été signée avec le duc de Bourgogne qui conservera Paris. Jeanne a beau être adulée, acclamée, vénérée par le peuple, elle exaspère tous ceux dont le rôle pâtit de sa présence. On l'éloigne, on l'envoie combattre au loin, à Compiègne.

Jeanne défend la ville assiégée, les Bourguignons la font prisonnière. La bassesse se révèle au grand jour : le chancelier du royaume, archevêque de Reims, annonce et justifie ainsi la capture : « parce qu'elle ne voulait recevoir de conseil et faisait tout à sa guise ». Ingratitude publique, ignominieuse. Elle mourra au bout d'un an de souffrances, sans appeler à l'aide. Qui serait venu ? Les puissants respirent : enfin, ils sont débarrassés d'elle.

*
* *

Pour Jeanne, tout est simple et vrai. Elle parle le langage des humbles, elle est leur voix, elle les aime, elle les protège, elle balaie les calculs, le scepticisme et l'hostilité des puissants. Le peuple, saturé de malheur, hait la guerre et ses cruautés qui mettent à mal le frêle bien-être qu'il a pu acquérir, il est attaché à son roi, il n'en a qu'un, il n'en reconnaît qu'un, il déteste les Anglais prédateurs, leurs alliés et leurs complices ; s'il demeure fidèle à ses seigneurs, il les juge, il attend d'eux qu'ils ne mettent pas la France à mal afin de satisfaire leurs ambitions et leur avidité.

Jeanne est une fille du peuple qui fait irruption dans un drame jusque-là réduit à un jeu à huis clos entre les puissants, et elle change le cours de l'histoire. À la fin, elle sera trahie par les grands, abandonnée. Son destin est à l'image de celui de ces Français souffrants qui, grâce à elle, s'étaient repris à espérer.

Sa force, son autorité, son rayonnement, d'où viennent-ils ? Sans doute du soutien des capitaines, de l'adhésion d'une partie de l'entourage royal, l'autre étant pour un temps réduite au silence, forcée de taire son hostilité. Elle les tire surtout de l'adhésion du peuple qui l'accompagne dès les premiers moments, qui l'appuie, la réconforte, lui permet de résister au doute. Dès qu'il la voit, qu'il l'entend, il croit en elle. À chaque instant de cette si brève épopée, l'enthousiasme populaire l'accompagne.

À Chinon, devant le dauphin, elle fait entendre la voix du peuple qui ne parvient jamais jusqu'à lui : la couronne dépend de Dieu ; nul n'a le droit ni le pouvoir de s'en emparer contre sa volonté ; nul – pas même feu Charles VI, le pauvre roi fou – n'a le droit de déshériter son fils et de porter atteinte à la légitimité de la succession monarchique voulue par Dieu ; la place des Anglais est en Angleterre, où Dieu les a établis, pas en France.

C'est le même récit, sous la plume de tous les chroniqueurs. Partout, toujours, le peuple, convaincu qu'elle est envoyée par Dieu, l'accompagne, l'acclame, se donne à elle avec ferveur : à Vaucouleurs déjà les habitants se cotisent pour l'équiper, lui offrir son cheval ; de tout le royaume accourent ensuite des hommes d'armes pour s'enrôler sous ses ordres et délivrer Orléans : on croit en elle, vierge pure, dans le malheur dernier recours d'un peuple fervent. À Orléans, elle redonne courage, galvanise les énergies des habitants qui la suivent sur les remparts, pleurent avec elle aux offices, n'ont plus peur. Après la victoire de Patay, des hommes et des femmes venus de toutes les provinces du royaume la rejoignent comme dans un pèlerinage et la soutiennent dans sa volonté de mener le roi à Reims. Lors du sacre, elle se jette à genoux, pleure de joie, et toute l'assistance l'imite. Puis la promenade triomphale de ville en ville, toutes ouvrant leurs portes à la caravane royale, est pour elle une apothéose ; un élan irrésistible porte les Français vers Jeanne, ils sont convaincus qu'elle est sainte, qu'elle est dotée de pouvoirs surnaturels ; on lui demande des miracles, de ressusciter un enfant, de mettre fin au schisme dans l'Église, de décider auquel des papes rivaux on doit se rallier. Lorsque le roi se retire devant Paris, elle le suit, accablée, mais le peuple lui reste fidèle et lui fait fête tout au long de son retour vers la Touraine ; l'hiver passé, elle se remet en campagne, reçoit à Melun un accueil proche du délire, comme à Compiègne, quelques semaines plus tard ; elle présente, c'est le salut assuré, la fin des malheurs, le retour de la paix grâce à la victoire ! Dans son supplice, le peuple l'entoure, compatit à ses souffrances ; amis et même ennemis, juges et soldats, pleurent, conscients que sa mort est un événement extraordinaire. Sa légende naît, elle se répand en France, puis en Europe ; elle connaîtra des éclipses, mais Jeanne ne disparaîtra pas des esprits. Elle est devenue le symbole du patriotisme religieux et populaire.

*
* *

L'Église était, dans la société française du XVe siècle, ce qui restait de plus robuste, de plus fort, de moins contesté. À la fois aristocratique et populaire, elle soulageait les misères, enseignait, soutenait la monarchie, donnait à la vie collective son cadre moral et intellectuel. Cauchon et les juges du procès de Rouen lui ont rendu un bien mauvais service : ils ont nourri dans l'opinion l'idée qu'elle était tout entière hostile à Jeanne et par conséquent soumise aux Anglais.

De tout temps, l'Église s'est méfiée du surnaturel, des miracles, des voyants et des prophètes, voire des saints. Elle ne veut pas être soupçonnée de favoriser les superstitions, redoute de voir son magistère ébranlé par ceux qui prétendent avoir une relation directe avec Dieu. Elle n'entend pas être dépossédée de son rôle : si elle ne devait plus être l'intercesseur entre le divin et l'humain, que resterait-il de sa mission ? C'est une organisation qui entend faire respecter son pouvoir. Elle ne rejette pas pour autant le mystère, quitte à vérifier soigneusement qu'il ne s'apparente pas à la magie ou à la sorcellerie ; si les prophètes et les saints ne lui semblent pas, après examen, des simulateurs, elle les accepte. Mais nul ne saurait se dispenser de son accord ni transgresser impunément ses décisions. C'est d'abord ainsi qu'elle a considéré Jeanne à Vaucouleurs, à Nancy, à Chinon, à Poitiers. Des hommes d'Église éminents, Gerson, Seguin, des théologiens, des évêques, après interrogatoires, réflexions et discussions, ont pris parti pour elle.

Ce n'est pas en tant que prêtres d'une Église au service de Dieu que certains clercs ont par la suite été d'impitoyables ennemis de Jeanne, mais en tant que membres d'une corporation, tentant de tirer leur épingle du jeu de la guerre civile afin de servir au mieux leurs intérêts individuels ou collectifs. Pour la plupart, ils appartenaient à la France du Nord rebelle à Charles VII : prélats normands rassemblés à Rouen, maîtres de l'Université de Paris aux ordres du duc de Bourgogne. Cauchon, évêque de Beauvais, est l'auteur du traité de Troyes qui a validé l'usurpation anglaise. Mais même au sein de cette Église du Nord, le sentiment de sa dignité empêcha de nombreux clercs de se faire les serviteurs complaisants des intérêts anglais. Lors de l'enquête de Poitiers, au début de l'épopée de Jeanne, certains évêques ou théologiens avaient également fait preuve d'impartialité, voire de bienveillance, ne trouvant rien à lui reprocher. L'attitude de Cauchon fausse notre vision des événements ; son comportement pèse sur le procès, lui donnant, malgré la résistance de quelques juges scrupuleux, une image qu'il ne perdra plus : celle d'une Église officielle aux ordres d'une puissance temporelle étrangère. Dieu a été mis par l'évêque de Beauvais au service d'un roi usurpateur contre une pauvre fille démunie qui, la victoire évanouie, a perdu tous ses appuis et cependant est demeurée ferme dans sa foi en sa mission, n'en référant qu'à Dieu.

C'est cette Église-là seulement, celle que symbolise Cauchon, qu'il faut évoquer quand on la décrit crispée sur ses privilèges, ne pouvant que rejeter Jeanne comme hérétique. Dès l'origine, l'Université de Paris, centre intellectuel de l'Occident, soumise aux ordres des Bourguignons, l'accusait, sans examen ni preuve, de sorcellerie, exigeait au nom de l'orthodoxie qu'elle fût livrée à la justice ecclésiastique.

Le roi d'Angleterre chargea l'évêque de Beauvais, réfugié à Rouen, « de procéder contre Jeanne selon les dispositions des droits divin et canonique ». Cauchon et ses assesseurs avaient peur, peur des Anglais, peur du diable, ils accordaient foi, tout intellectuels qu'ils étaient, « aux irruptions de l'invisible, aux voix, aux fées ». On ne comprend rien au procès de Jeanne si l'on oublie qu'à cette époque même les esprits les plus éclairés croyaient au Mal, à sa présence, à sa puissance. Comme l'écrit Duby, il revenait aux juges ecclésiastiques, dans l'enchevêtrement du surnaturel, de distinguer le bénéfique du maléfique, et pour cela de briser la résistance de l'accusée grâce aux moyens mis au point par les inquisiteurs. Ils redoutaient, si elle était vraiment démoniaque, de devoir affronter le diable et ses artifices ; s'ils la déclaraient non coupable, il leur faudrait s'expliquer avec les Anglais ; mais ils craignaient aussi de la condamner si elle était innocente. Dans l'âme de ces cyniques qui se complaisaient dans une profitable soumission, la bonne foi n'avait pas tout à fait disparu.

Sur le rôle de l'institution ecclésiastique, ils se retrouvaient plus à l'aise, en terrain plus solide : Jeanne était suspecte de schisme, puisque dans sa prison elle en appelait à l'autorité de Dieu contre celle de la hiérarchie de l'Église, restant fidèle au message de ses « voix » que nulle autorité n'avait jamais validées. Comment auraient-ils accepté cela ?

À défaut de les justifier, les mobiles des uns et des autres expliquent le procès et le supplice : l'Université de Paris écrit au duc de Bourgogne pour que Jeanne prisonnière, coupable de « plusieurs crimes sentant l'hérésie », lui soit livrée. L'hérésie n'était-elle pas démontrée par les victoires de Jeanne, inexplicables, scandaleusement imprévisibles ? Les maîtres de l'Université voulaient se venger, la politique rejoignait la religion, ou plutôt la religion était utilisée pour rendre honorables les haines de la politique. Cependant, ce n'est pas aux universitaires que

Jeanne serait livrée, mais à l'Église séculière, c'est-à-dire à Cauchon, pour être jugée à Rouen ; la surveillance des Anglais qui contrôlaient la ville y serait plus vigilante qu'elle ne l'eût été à Paris. L'occupant n'avait confiance en personne d'autre qu'en lui-même.

On l'a parfois soutenu, il y aurait eu une équivoque : Jeanne était-elle une prisonnière de guerre, ou une hérétique relevant des lois et de la juridiction de l'Église ? Il n'y en a eu aucune : Jeanne était un adversaire politique et militaire des Anglais, elle leur faisait peur, ce qui ne se pardonne pas ! Comme il fallait l'éliminer à tout prix, l'accusation d'hérésie était le moyen le plus efficace. L'Université de Paris tenait à sa théorie de la « double monarchie » qui justifiait le fait accompli : grâce à la conquête anglaise et à la folie de Charles VI, Henri VI devait régner à la fois sur l'Angleterre et sur la France. Comment accepter qu'une simple paysanne empêchât l'exécution du traité de Troyes négocié par Cauchon, qu'elle fît sacrer à Reims Charles VII déshérité par son père ? En faire justice était œuvre légitime, œuvre pie.

Il y fallut de longs mois, car Jeanne ne se laissa pas aisément prendre au piège. Quelle différence, lui demandaient ses juges, entre l'Église militante et l'Église triomphante, entre l'Église et Dieu ? « M'est avis que c'est tout un, de Dieu et de l'Église, et qu'on ne doit pas faire de difficulté… » Les spéculations techniques des théologiens, leur subtile casuistique laissent Jeanne indifférente. On voit bien qu'on essaie de lui faire dire du mal de l'Église. Jamais on n'y parvient ; on ne peut, dit-elle, pour qu'on la laisse enfin en repos, faire de différence entre Dieu et l'Église. On sent une lassitude, un détachement dans cette réponse sans cesse répétée sous toutes ses formes. Elle, elle ne parle pas spontanément d'Église, d'évêques, de prêtres, mais toujours de Dieu et de ses voix, c'est de Dieu seul qu'elle tient sa mission, elle n'a à répondre de ses actes que devant lui, elle le dit et le répète. Si elle proclame sa soumission à l'Église militante, c'est sous une réserve, de taille : « Dieu premier servi… Ce que Notre-Seigneur m'a fait faire et commandé et commandera… Au cas où l'Église voudrait que je fasse autre chose au contraire du commandement qui m'a été fait par Dieu, je ne le ferais pour quoi que ce soit. » Alors, le motif de sa condamnation est trouvé : hérésie, désobéissance aux lois de l'Église.

*
* *

Donner la victoire au roi légitime, mais encore rassembler aussitôt autour de lui tous les Français, les réconcilier avec lui et entre eux : chez Jeanne, nul désir de vengeance.

Les adversaires d'hier n'étaient pas des « collaborateurs », selon le mot d'aujourd'hui. À la fin du Moyen Âge, alors que l'idée de patrie naissait à peine, il n'aurait guère eu de sens. Il y avait ceux qui s'accommodaient de la domination étrangère, et les autres ; leurs raisons étaient de divers ordres. Aucun ne se considérait comme un traître ; chacun choisissait entre les fidélités possibles, toutes légitimes selon les points de vue du droit féodal, les circonstances du moment, les contraintes exercées, le jeu des intérêts au résultat variable.

Parmi les partisans des Anglais figuraient, on le sait, des grands, des puissants, des hommes d'Église tel Cauchon, l'Université, les Parisiens. Mais il n'y avait pas qu'eux : les humbles vivaient sous le joug de leurs seigneurs et, bon gré mal gré, épousaient leurs choix. Comment eussent-ils pu faire autrement ? Les pauvres vonlaient travailler en sécurité pour subsister. Indifférents à l'issue de la guerre ils aspiraient par-dessus tout à la paix, prêts à se rallier aux plus forts qui seuls semblaient susceptibles de l'apporter : jusqu'à l'apparition de Jeanne, ce fut le plus lourd argument en faveur des Anglais.

Les intérêts n'étaient d'ailleurs pas seuls en jeu, l'idéologie jouait son rôle, comme toujours dans les guerres civiles où elle sert de justification au déchaînement des passions. Que le dauphin soit illégitime, qu'il ne soit pas sacré, qu'une part de sa propre famille le désavoue et le combatte, et voilà les prétentions et la domination anglaises justifiées. La bonne foi existait des deux côtés.

Le choix n'était pas si simple. La France était déchirée par la guerre civile, les exclusions, les violences. L'Angleterre se croyait à la veille de la victoire totale ; le duc de Bourgogne, son allié, tenait Paris, soutenu par le peuple et les bourgeois de la ville pour lesquels Charles VII était un Armagnac dont ils ne reconnaissaient pas la légitimité, et Jeanne une sorcière ; le roi de Bourges était hésitant, ballotté entre des influences contradictoires, sa cause semblait perdue. Ceux des Français qui s'interrogeaient avaient quelques raisons à cela : après tout les Lancastre et les Bourguignons n'étaient-ils pas eux aussi des princes français, était-ce trahir que les rallier ? Comment condamner les doutes et les hésitations des hommes de ce temps ?

Malgré l'égoïsme, les calculs, les rivalités des gens de Cour qui éloignaient le roi de Jeanne, le peuple, dans son immense majorité, lui demeura fidèle, en dépit de son échec devant Paris. Il sentait en elle une force mystérieuse : on le savait bien, la France ne serait sauvée que grâce à elle. Et, sauvée, cela voulait dire : rendue à son roi. Quelle émotion suscitait dans l'âme populaire le récit des exploits miraculeux de cette héroïne si proche et pourtant si pure ! On le vit dès qu'Orléans assiégée l'accueillit dans un climat de réconciliation générale dû à sa seule présence : bourgeois, artisans, hommes d'armes, capitaines, clergé, tous étaient unis par la ferveur d'une espérance à laquelle personne n'osait plus croire. Le miracle de Jeanne dissipait le découragement, il allait inverser le cours d'une histoire qu'on croyait déjà écrite.

Jeanne fut la victime des Anglais et de leurs partisans parisiens et bourguignons ; ils constituaient, avant la lettre, un « parti de l'étranger ».

Elle ne s'en prit qu'aux Anglais, à Cauchon et à ses juges français, mais jamais au peuple terrorisé contraint de les laisser faire, ni même aux soldats et aux chevaliers. Sa tâche était la réconciliation des Français autour du roi légitime, et non la vengeance ou les règlements de comptes. Grâce à ses victoires puis à son martyre, son vœu fut exaucé, un mouvement presque unanime, véritablement national, chassa les Anglais. Il n'y eut pas d'« épuration », autre mot d'aujourd'hui.

On ne trouve dans la bouche de Jeanne aucune condamnation de ceux qui ne se rallient pas à elle, aucun anathème. Elle ne parle pas d'eux, elle s'adresse au peuple tout entier, au nom du peuple dont elle est issue et auquel elle veut rendre l'espoir en le rassemblant. Elle condamne l'invasion des Anglais, leur enjoint de rentrer chez eux, rappelle le duc de Bourgogne à son devoir de cousin et de vassal de Charles VII, elle invite les Français à se soulever contre l'envahisseur, elle ne stigmatise pas ceux qui demeurent sourds ou passifs, et même pas ceux qui pactisent avec l'ennemi. Aucune volonté d'exclusion ne l'habite, comme si leur ralliement au roi légitime ne devait faire aucune difficulté dès lors que l'ennemi étranger serait vaincu. En cela, comme dans le reste, elle voyait juste. Jamais sauveur ne fut aussi prévoyant, aussi généreux, aussi miséricordieux.

*
* *

Les sauveurs ont besoin d'un ennemi, moins le leur que celui de la patrie ; sinon, quelle serait la justification de leur combat ? Pour Jeanne, les Anglais ont joué ce rôle, y mettant l'entêtement haineux dont ils sont capables quand leurs intérêts sont menacés.

À leurs yeux, elle était coupable de faire obstacle à leurs ambitions, de renverser le cours des événements. En 1429, quand elle parut, ils entrevoyaient la fin de leurs peines : Orléans, qu'ils assiégeaient, allait tomber ; les provinces du sud de la Loire, encore tenues par les fidèles du « roi de Bourges », s'ouvriraient à leurs armées. La France allait être totalement conquise, le jeune Henri VI devenir le souverain incontesté du double royaume, France et Angleterre réunies.

Voilà qu'en quelques mois le cours des événements est renversé, tout s'effondre. Les Anglais sont battus à Orléans, dont ils doivent lever le siège, battus à Patay, et Charles VII est sacré à Reims. C'est toute l'entreprise partie en 1415 d'Azincourt où ils écrasèrent l'armée française, consacrée en 1420 par le traité de Troyes qui est en péril. Jeanne les a humiliés, ridiculisés. C'est une simple paysanne qui, de façon inexplicable, rassemble les forces demeurées fidèles à Charles VII, mobilise le peuple, remporte des victoires, s'impose comme l'image de la volonté de résistance, l'emblème de la patrie naissante. À leurs yeux, elle est coupable de les avoir vaincus mais surtout de leur avoir ravi leur crédit : un ennemi qu'on ne redoute plus est déjà à moitié défait. Seule une sorcière, une ribaude – elle sera clouée comme telle au pilori par Shakespeare au siècle suivant – peut avoir accompli ce prodige. Dès lors, ils mettront tout leur acharnement à s'emparer d'elle, à la faire juger au mépris des lois de l'Église et de la chevalerie, toute leur cruauté à la faire souffrir, à l'abaisser, à la martyriser, à la brûler ; ils lui refuseront même la grâce ordinaire du geste miséricordieux du bourreau étranglant la victime avant d'allumer le brasier afin de lui éviter la longue agonie de la mort par le feu.

Dès le début de son aventure, à Poitiers, elle dicte à l'intention du duc de Bedford, oncle de

Henri VI et « qui se dit régent du royaume de France », une lettre où elle lui enjoint de rendre toutes les villes et les provinces conquises, et se déclare toute disposée à faire la paix s'il se soumet à sa volonté ; se proclamant chef de guerre, elle s'affirme prête à en découdre s'il ne l'entend pas. Elle « le prie et le requiert » de se plier à la volonté de Dieu. D'autres lettres de sommation suivent : « Vous, Anglais, qui n'avez aucun droit sur ce royaume de France, le Roi des Cieux vous ordonne et mande par moi, Jeanne la Pucelle, que vous quittiez vos forteresses et retourniez dans votre pays… » On comprend que les grands seigneurs anglais aient été stupéfaits par le ton dont usait cette paysanne inconnue. Ils lui répondirent par des moqueries et des injures.

Elle ne fut pas entendue, la bataille s'engagea, Orléans fut délivrée, les Anglais se retirèrent au nord de la Loire et durent envoyer une armée de secours quelques semaines plus tard. Le mystérieux pouvoir de Jeanne, qu'ils prenaient pour une sorcière maléfique, les remplissait de terreur, leur enlevait toute confiance en eux ; ils furent écrasés à Patay, revanche d'Azincourt, fait d'armes extraordinaire, victoire complète ; la route de Reims était ouverte.

Près d'un an passe, à Compiègne Jeanne est faite prisonnière par Jean de Luxembourg, vassal du duc de Bourgogne, qui la vend aux Anglais ; elle est envoyée à Rouen, tenue par eux. Son sort est scellé, ses ennemis la tiennent en leur pouvoir : « Je sais bien que ces Anglais me feront mourir », déclare-t-elle dans sa prison. Tombée dans le piège tendu par ceux qu'elle a, dès le début, déclarés ses adversaires, face aux juges à leurs ordres, elle ne perd rien de son intrépidité ni de son intelligence.

Ces seigneurs anglais, Talbot, Warwick, Salisbury, hommes de guerre valeureux, éduqués selon les lois de la chevalerie, n'étaient pas tous méprisables ; mais leur pouvoir était en jeu, leurs possessions, leurs richesses, leur influence politique. Ils se soumirent sans hésiter aux lois de la *Realpolitik* d'un siècle cruel, dictées par Bedford et le cardinal de Winchester qui entendaient gouverner ensemble les deux royaumes. Entre eux et Jeanne, ce fut une lutte sans merci ; tous les coups étaient permis, aucune bonne foi, aucune morale, aucun sentiment de pitié n'avaient plus cours, il fallait éliminer tout obstacle à leur domination.

Le procès manifeste la violence de leur acharnement : ce sont les Anglais qui inspirent les débats, en contrôlent le déroulement, stimulent les juges à leur solde ; ils n'ont confiance ni en Cauchon ni dans l'Université de Paris, ils ne s'en remettent qu'à leur propre volonté. Winchester a l'œil à tout ; Jeanne est prisonnière dans une forteresse anglaise, le Vieux-Château, gardée par des soldats anglais qui l'insultent et l'humilient ; quand elle tombe malade, lord Warwick s'alarme : « Le roi [Henri VI] ne voudrait pour rien au monde qu'elle mourût de sa mort naturelle ; le roi l'a achetée, elle lui coûte cher... Il faut qu'elle demeure par justice, qu'elle soit brûlée... Arrangez-vous pour la guérir. » On la guérit.

Winchester s'impatientait contre Cauchon et ses lenteurs : il fallait faire avouer à la prisonnière qu'elle était sorcière et hérétique, déshonorer Charles VII. « Prêtres, disaient les Anglais aux juges, vous ne gagnez pas l'argent du roi » ; et Warwick, brave, dévot, chevalier accompli, chef courageux : « Le roi va mal, la fille ne sera pas brûlée. » Le meilleur des chevaliers anglais n'avait aucun scrupule à exiger des prêtres qu'ils condamnent au bûcher la simple fille qui avait abaissé la superbe des envahisseurs. Il obtint satisfaction, il n'en eut pas honte.

On avait demandé à Jeanne : « Dieu hait-il les Anglais ? – De l'amour ou de la haine que Dieu a pour les Anglais, répondit-elle, et de ce qu'il fait de leurs âmes, rien je ne sais. Mais je sais bien qu'ils seront boutés hors de France, sauf ceux qui y trouveront la mort. »

Il en fut comme elle l'avait prédit. À quoi devait servir le procès le plus honteux de l'histoire ? À faire rayonner sa beauté morale, son souvenir.

*
* *

Par définition, les hommes providentiels sont hostiles aux pouvoirs établis ; leur vocation, telle qu'ils la conçoivent, c'est de remettre en cause l'ordre des choses, les hiérarchies ordinaires, les structures existantes. C'est ce qui les conduit à s'appuyer directement sur le peuple contre les gens en place.

Y a-t-il un mythe plus fort, plus présent que celui-là dans toute l'histoire de France ? Le peuple voit juste, il a raison contre les puissants, les nantis, il est désintéressé, il a le culte de la patrie : dès l'origine, il a soutenu les rois contre les grands féodaux, il a bâti l'État avec eux, à leur profit et au sien ; quand leur alliance sera rompue, que la monarchie semblera, contrairement à sa politique séculaire, pencher vers les privilégiés et abandonner le peuple, elle s'effondrera dans les quelques semaines de l'été 1789.

Il existe dans l'esprit français une tradition de méfiance envers les élites du pouvoir et de l'argent, toujours soupçonnées de manquer de loyauté, de n'avoir en tête que leur propre intérêt, d'y sacrifier la patrie en même temps que la sauvegarde et le bien-être du peuple, seul à souffrir, à lutter. À cette tradition, le martyre de Jeanne donne une dimension dramatique sans précédent.

Vieille histoire, vieille réaction, vieux mythe de l'indignité des puissants et des riches : il y a plus de deux mille ans, à l'instigation de leurs chefs, des tribus gauloises s'alliaient avec César contre leurs propres frères, se faisaient les complices actifs de la conquête romaine. Plus tard, les aristocrates gallo-romains pactisèrent avec les envahisseurs barbares, se mirent à leur service, grâce à quoi ils conservèrent leurs terres ; comportement guère différent de celui des chefs de tribus lors des conquêtes coloniales européennes au XIXe siècle.

Sous les derniers Carolingiens et les premiers Capétiens, les princes territoriaux tirèrent profit de l'affaiblissement de l'administration encore si fragile que Charlemagne avait tenté de mettre en place ; son effondrement entretint le désordre et la misère. Plus tard, leurs conflits avec l'autorité royale favorisèrent durant des siècles la guerre avec les Anglais. Lors des guerres dites de Religion – celle-ci n'était guère qu'un prétexte à leurs ambitions –, ils affaiblirent par leurs rivalités un pays redressé à grand-peine cent ans plus tôt par Charles VII et Louis XI et redevenu un temps le plus puissant d'Europe, tellement que son indépendance, sa vie même s'en trouvèrent menacées. Les querelles et l'insubordination des grands durant la minorité de Louis XIII puis celle de Louis XIV mirent la France à mal, alors qu'elle était engagée dans un conflit sans merci contre la maison d'Autriche qui l'encerclait de toutes parts ; une partie du clergé et de la noblesse, la reine mère Marie de Médicis elle-même prirent le parti de l'Espagne et complotèrent contre le roi. Au XVIIIe siècle, les philosophes et les parlementaires, qui parfois dans leur aveuglement sectaire allèrent jusqu'à féliciter ses adversaires des revers militaires qu'elle subissait, contribuèrent à jeter bas la plus ancienne et la plus prestigieuse monarchie d'Europe. Et ce, au moment même où la France rayonnait d'un éclat sans égal et s'affirmait comme le seul arbitre possible du continent. De son côté, en s'opposant à la monarchie constitutionnelle en 1789, puis à nouveau sous la Restauration, l'aristocratie a refusé son temps et porté pour une bonne part la responsabilité des luttes politiques qui, au XIXe siècle, empêcheraient la France de connaître un régime politique stable, ce qui l'affaiblirait aussi bien militairement qu'économiquement. Ce sont les élites apeurées encore qui, en 1871, préférèrent lutter contre la Commune, révolte sanglante et désordonnée du peuple parisien affrontant l'ordre établi, que combattre les Prussiens qui occupaient une partie du territoire. Elles acceptèrent la victoire de ceux-ci sans beaucoup d'hésitation ni de peine, l'armée s'employant à faire payer à d'autres les fautes des principaux responsables de la défaite, les chefs militaires, comme elle devait le faire en 1940. Après la Libération, la majorité des intellectuels – avec les chefs d'entreprise ils sont les nouveaux grands des temps modernes – se rallièrent au soviétisme et au conformisme marxiste, empêchant longtemps la France de s'adapter au monde nouveau. Qu'on se rappelle enfin combien la gauche est encore engluée dans ce vieux thème éventé de la lutte des pauvres et des riches, selon lequel tout changement porte atteinte à des droits acquis pour toujours, et toute novation se doit d'étendre encore davantage le champ de la redistribution sociale. Qu'on n'oublie pas non plus que la réforme libérale de 1986, la seule à ce jour à avoir jamais été entreprise avec cette ampleur, a, malgré ses succès, été stoppée au bout de deux ans au motif que, favorisant la liberté d'entreprendre, elle profitait seulement aux « riches ». Beaucoup jurèrent de ne plus s'y laisser prendre. J'ai quelque raison de m'en souvenir.

Dans les épreuves, le regard se simplifie, le jugement est sans nuances, souvent sans équité. Pour bien des Français, conditionnés par une propagande sectaire, les plus résignés au régime de Vichy et à la domination allemande n'étaient ni les moins pourvus par la fortune ni les moins favorisés du sort ; appréciation injuste, qui a entraîné des abus lors de l'épuration et une constante contrainte sur les esprits. Plongés dans la tourmente, les Français observent avec méfiance leurs élites qu'ils soupçonnent volontiers de privilégier leurs avantages égoïstes et leur confort intellectuel aux dépens de l'intérêt national ; pour eux, les sauveurs sont toujours soutenus par les plus modestes, les autres sont moins généreux, plus hésitants, moins patriotes. Il est vrai que les précédents ne manquent pas, qui peuvent expliquer leur sentiment.

C'est le peuple rassemblé par Philippe Auguste qui, à Bouvines, lui donne la victoire contre l'empereur et les Anglais coalisés ; c'est lui qui, en se regroupant derrière Henri IV, met fin au martyre des guerres de Religion ; qui soutient l'autorité monarchique durant les troubles de la Fronde, ultime convulsion des désordres féodaux ; au temps de la Révolution, il se lève en masse contre l'envahisseur, il défend la patrie, reculant les frontières du pays ; bientôt il conquiert l'Europe en n'épargnant ni son courage ni ses souffrances ni sa vie au service de Napoléon ; en 1870, alors que tout l'encadrement politique et social de la nation est submergé par la défaite, il est seul à vouloir poursuivre la guerre, et ce sont les républicains qui, avec Gambetta, incarnent le patriotisme contre l'opportunisme de Thiers ; la victoire de 1918 est d'abord due à l'incroyable ténacité dont ont fait preuve dans les tranchées les soldats, paysans et ouvriers, tandis que, grâce au travail de leurs femmes et de leurs filles à la terre et dans les usines, le pays survivait le temps que les Américains entrent à leur tour dans la guerre à ses côtés ; si dans la résistance à l'occupant nazi, qui n'est l'apanage de personne, toutes les classes de la société prennent leur place, ce combat est aussi le fait des plus modestes, du peuple qui lutte avec les moyens du bord.

C'est aussi le peuple qui, dans l'épreuve, tente d'imposer, et parfois y réussit malgré l'hostilité des puissants, le recours à un homme qu'il crédite, à tort ou à raison, d'une action plus juste, d'un patriotisme plus intraitable, d'une volonté plus ferme, un homme qui fasse barrière contre le désordre mais de plus symbolise la nation. Louis-Napoléon Bonaparte, quasi inconnu, sous-estimé, mais qui incarne une tradition dont la France garde la nostalgie, est plébiscité après les violences de la révolution de 1848 afin d'éviter à la fois le retour des Bourbon ou des Orléans décriés et la faiblesse d'une république qui favorise les troubles civils ; Boulanger, général médiocre et indécis, fut brièvement, face à l'Allemagne de Bismarck volontiers tentée par l'hégémonie, le symbole de la volonté de revanche d'une France humiliée à laquelle la IIIe République ne redonnait pas confiance en elle ; Clemenceau, politicien brillant, intelligent, impérieux, honni par ses pairs, s'imposa aux jours dangereux de 1917 parce qu'aux yeux de l'opinion il semblait seul capable, par ses défauts mêmes, par son énergie, son intransigeance, son agressivité, d'éviter l'effondrement du pays et de susciter le sursaut moral qui entraînerait la victoire.

Ainsi, au cours des temps, s'est développé et fortifié le mythe populiste par excellence, simplificateur et excessif, et, quand besoin est, d'une grande utilité polémique : les élites sont portées à faiblir devant l'adversaire, voire à trahir, elles font passer leurs intérêts avant celui de la nation ; le peuple, lui, avec une intuition infaillible, voit juste et garde le cap. N'est-ce pas là tout ce qu'on retient trop souvent de l'histoire de Jeanne d'Arc telle qu'on l'enseigne ? Son image devient alors l'un des instruments les plus redoutables du combat politique. À droite comme à gauche, nul ne renonce jamais à l'utiliser.

*
* *

L'Église était le plus puissant et le plus prestigieux des corps de la société, dont elle constituait la véritable élite. Et pourtant, elle ne tient qu'une place marginale dans l'esprit et les propos de Jeanne. Elle invoque Dieu, les saints, et ne parle de l'Église, prêtres, évêques, clercs, que pour répondre aux questions, comme si la hiérarchie ecclésiastique n'avait guère d'importance. Attitude pour ainsi dire révolutionnaire, sorte d'anticléricalisme avant la lettre. L'Église avait beau dominer l'Occident depuis des siècles, imprégnant les mentalités, faisant et défaisant les légitimités, transmettant le savoir, détenant la plus grande part de la richesse, ses dignitaires n'étaient pas pour Jeanne les intermédiaires obligés entre Dieu et les hommes. Ils la persécuteront et la brûleront vive, mais la honte retombera sur eux, et c'est elle qui l'emportera dans le souvenir des hommes.

Victoire symbolique d'une idée : la primauté de la nation tout entière s'imposera aux particularismes et à l'égoïsme des groupes. En l'occurrence, l'Église représentait le plus puissant d'entre eux. Les juges de Rouen n'étaient pas seulement au service des Anglais, mais d'abord à celui de leurs propres intérêts menacés par une jeune fille qui prétendait avoir raison sans eux, négligeait leur rôle, réduisait leur place, voire tournait leur ministère en dérision. Lutter contre eux, c'était lutter pour l'unité. Les hommes providentiels entendent sauver la nation, c'est-à-dire renforcer sa cohésion ; ils ne font pas grand cas de la diversité, des différences régionales, des privilèges traditionnels, des positions acquises, des corporatismes, ce n'est pas leur affaire.

La lutte de la monarchie contre les corps faisant obstacle à son autorité constitue la trame de notre histoire ; les parlements, les seigneurs, les provinces ont été soumis les uns après les autres. Pour éviter les empiètements du Saint-Siège, le roi s'attribua même, ce fut le gallicanisme, l'autorité sur les affaires temporelles de l'Église de France. La République a pris la suite, assurant par la force l'unité nationale, elle l'a parfois confondue avec l'uniformité au prix d'une centralisation impitoyable en instituant par la loi une laïcité qui interdisait à l'Église de peser sur l'action publique et lui retirait une bonne part de ses moyens matériels. Tous les sauveurs qui ont pris la suite de Jeanne à toutes les époques, dans toutes les circonstances, tinrent pour un impérieux devoir de réduire les diversités pour mieux assurer la cohésion de la nation et placer sous une règle commune tous les corps de la société. L'État a toujours tenté de dominer les intérêts organisés, les corporations de tous ordres, les collectivités, les syndicats, la magistrature ; pas toujours avec succès, on le voit bien aujourd'hui.

*
* *

Son martyre fait de Jeanne une héroïne nationale vénérée par tous les Français ; elle a réussi dans son œuvre d'union. C'est une exception. Aucun des sauveurs qui ont dénoué les crises de l'histoire n'a voulu ou n'est parvenu comme elle à les réconcilier tous autour de lui.

Henri IV, Richelieu, Louis XIV l'ont tenté, le premier par la tolérance, les deux autres par la contrainte, mais ils ont échoué. Ensuite, il y a eu la Révolution française et les émigrés ont pris les armes contre leur pays tandis que la Terreur se déchaînait. Bonaparte a voulu clore cette sanglante décennie, réconcilier les deux France, il n'y est pas parvenu ; dès qu'il a vacillé, ceux auxquels il avait garanti une paisible jouissance des biens nationaux se sont retournés contre lui ; Louis XVIII n'a pas été plus heureux, lui qui s'est heurté à la constante hostilité des partisans de l'Empereur, comme à l'intransigeance bornée des ultras. Le premier avait rétabli l'ordre en France et étendu son empire sur toute l'Europe, l'autre lui avait évité d'être asservie et dépecée ; tous deux avaient voulu tourner la page des divisions ; rien n'y fit.

Après 1940, dans la France abattue, des partisans de l'occupant allemand, mus par une idéologie dévoyée – tels les miliciens, parfois anciens combattants valeureux devenus par contamination politique des dévots au service des nazis, voués aux pires besognes –, ont tenu le haut du pavé, traquant les résistants qui, eux, risquaient leur vie pour chasser les Allemands et maintenir la France dans la guerre. Alors, combien furent lourdes les responsabilités de Pétain, et néfaste son rôle !

En juin 1940, il pouvait passer pour l'archétype du sauveur. Comme Jeanne, il surgissait du sein d'un désastre national sans précédent, seul recours possible aux yeux de presque tous les Français ; le personnel politique, aux vues et aux volontés incertaines, était affaibli, discrédité. Dans la débâcle Pétain s'imposa à lui sans difficulté ; dernier des grands vainqueurs de la guerre de 1914-18, s'estimant le plus mal récompensé, car il ne se souffrait pas d'égal, il bénéficiait dans le pays d'un immense prestige moral, physique aussi avec ses yeux bleus et son allure de vieux chef gaulois sur lequel les ans ne semblaient pas avoir prise. Mais avec Jeanne d'Arc, que de différences qui expliquent son destin funeste et la tache indélébile qu'il a laissée dans l'histoire !

Jeanne appelle à lutter contre l'occupant, à le combattre, elle le fait tout de suite et avec succès, elle croit en une possible victoire ; Pétain, lui, se montre pessimiste, il abandonne le combat sans envisager un instant de le poursuivre dans l'empire, en dépit de la puissante flotte que l'armistice a laissée intacte ; bientôt il appellera à collaborer avec l'ennemi allemand.

Le destin de Jeanne lui était imposé par des voies mystérieuses, elle ne s'y était pas préparée, ignorant tout de la politique, de ses pratiques, de ses intrigues. Pétain s'y croyait rompu, depuis des années il était prêt à l'exercice du pouvoir, avait laissé tisser des réseaux contre le gouvernement légitime, guettant l'occasion d'être hissé sur le pavois ; réputé général républicain, il avait laissé la bride sur le cou aux partisans qui, à l'extrême droite, vantaient ses services passés et ceux qu'il pourrait rendre encore, une fois le régime honni balayé ; il ne pouvait admettre que sa vie prît fin sans que le destin lui offrît une nouvelle, une grande chance. Cette chance, hélas ! ce fut l'écrasement de la France ; il la saisit sans hésiter. Drame d'une ambition, d'autant plus égoïste que le grand âge était venu.

Jeanne est bonne, compatissante, optimiste ; elle comprend le peuple, ne lui reproche rien, s'efforce de soulager ses souffrances, qu'elle connaît. Pétain, lui, fait la leçon aux Français en père sévère et leur répète que leur punition est juste, qu'ils la méritent pour leurs fautes, leur laisser-aller, leur « esprit de jouissance » ; ils doivent se repentir, travailler, se sacrifier, faire taire leur sens critique. Pétain sait ce qu'il faut pour guérir le peuple : proscrire la démocratie et la liberté, chasser les étrangers –, mais pas les Allemands ! –, se refermer sur soi, nier deux siècles d'émancipation de l'individu.

Jeanne s'appuie sur le peuple qui veut espérer, mais elle s'adresse aussi aux chefs, capitaines, conseillers du roi, évêques, grands seigneurs dont dépend une réaction nationale contre l'Anglais ; pour Pétain, les généraux et les amiraux sont

– malgré des moyens techniques insuffisants, des théories militaires dépassées, un commandement trop âgé – exempts de toute faute, de toute erreur, seuls le peuple jouisseur et paresseux, ainsi que les dirigeants politiques tout à leurs querelles portent la responsabilité de l'effondrement militaire, et pas les chefs de l'armée.

Jeanne voulait réconcilier tous les Français sans exclusive autour du pouvoir légitime, Pétain entendait vouer aux gémonies ce même pouvoir, ses adeptes et les principes moraux sur lesquels il reposait.

Pour Jeanne, le pays devait se consacrer exclusivement, sans faiblesse ni répit, à la lutte contre l'occupant anglais, quels que soient les risques ; pour Pétain, il fallait se résigner à l'inéluctable, se soumettre aux Allemands, et même collaborer avec eux pour prendre part à leur victoire en Europe, fût-ce au prix de leur domination durable sur la France. Y eut-il jamais plus grande imposture que le culte de Jeanne glorifiée par Vichy, régime en tous points contraire aux principes qui l'avaient inspirée, elle l'image de la patrie souffrante mais qui poursuivait le combat ?

À la Libération, de Gaulle a rétabli avec l'assentiment populaire un pouvoir légitime.

N'ayant à la bouche que les mots de « rassemblement » et de « concorde retrouvée », il fut néanmoins l'un des grands hommes les plus détestés de l'histoire de France, mais aussi l'un des plus adulés. Plus tard, l'indispensable règlement de l'affaire algérienne, auquel il procéda avec courage, n'arrangea rien et lui attira des haines nouvelles et tenaces. Cet homme hors du commun, qui entendait incarner la légitimité historique de la France tout entière, fut, sa vie durant, un facteur de discorde, objet d'amour et de haine. Paradoxe de la vie posthume : une fois mort, il devint – il est toujours – l'objet d'une vénération qui, pour n'être pas dépourvue de préoccupations partisanes, est maintenant générale.

Aucun sauveur n'a connu la réussite de Jeanne : non seulement elle a combattu les Anglais, mais encore elle a subjugué leurs « collaborateurs » en entraînant l'adhésion, la dévotion du peuple français peu à peu rassemblé après son supplice par l'émotion et la nostalgie de son épopée. Elle est, de fort loin, le héros le plus admiré, le plus aimé de notre histoire. Comment contester qu'elle a, à moindres frais et en se sacrifiant, gagné la guerre de Cent Ans, et que l'intérêt de la France exigeait qu'elle la gagnât ?

*
* *

Il ne suffit pas au sauveur de vouloir rassembler la nation autour de lui. Pour légitimer son action, imposer son personnage, réunir toutes les volontés face au danger, l'homme providentiel a besoin d'être regardé comme le rempart ultime, irremplaçable, faute duquel tout s'effondre. Un ennemi à combattre lui est indispensable. Longtemps les Anglais, devenus une cible de l'opinion française, objets d'une méfiance et d'une animosité constantes, furent installés dans cette position, accusés d'être les organisateurs de tous les complots, la cause de tous les malheurs.

Certes, depuis l'origine, la France avait affronté d'autres peuples ennemis qui revenaient sans cesse à la charge contre elle, menaçant jusqu'à son existence, cherchant à s'emparer de ses plus riches provinces, à assujettir ses hommes : les peuples germaniques, les Huns, les Arabes, les Normands... Mais à partir du XIIe siècle, ce furent les Anglais qui tinrent le rôle avec une constance sans faille. D'autres prirent le relais : de François Ier à Louis XIV, les Espagnols l'envahirent à partir des Pays-Bas, du Milanais ou de la Catalogne ; la maison d'Autriche, qui régnait à la fois à Madrid et dans l'Empire, enserrant la France de toutes parts, resta plus longtemps que de raison l'adversaire privilégié. Au XIXe siècle les Anglais furent à nouveau pour les Français les ennemis « préférés », d'autant plus détestés qu'entre la fin du XVIIe siècle et 1815 ils avaient mené et gagné une seconde guerre de Cent Ans, cette fois pour la domination de l'Europe et des mers, et qu'ils avaient, en coalisant les autres monarchies européennes, abattu Napoléon. Ils s'opposaient à l'expansion coloniale de la France et, sous prétexte d'équilibre, entretenaient la rivalité entre les puissances du Continent.

On n'oubliait pas, on ne leur pardonnait pas l'acharnement, le cynisme et la cruauté déployés pour faire brûler, après l'avoir salie et torturée, une pauvre fille vierge, uniquement parce qu'elle aimait son pays et lui avait rendu l'espoir ! Quatre siècles plus tard, quelle perfidie, quel manque de noblesse dans le traitement réservé à Napoléon, exilé six années durant dans une île insalubre de l'Atlantique au large de l'Afrique, subissant jusqu'à sa mort les mesquineries, les avanies, les humiliations ! Là aussi, en pure perte : le supplice de Jeanne à Rouen n'avait pas épargné aux

Anglais d'être jetés hors de France ; le *Mémorial de Sainte-Hélène* a été pour la gloire de Napoléon un outil de propagande plus efficace que ne l'aurait été la retraite confortable sur leur sol qu'il avait espérée de la grandeur d'âme prêtée à ses adversaires. Il les connaissait mal : comme au XVe siècle, c'était un peuple implacable quand il avait été menacé et qu'il se vengeait.

Après les Anglais, les Allemands. En soixante-dix ans, trois guerres, la France en perd deux ; elle est envahie, occupée, en danger d'être réduite à rien. L'Allemand devient le nouvel ennemi héréditaire volontiers qualifié de barbare, qui s'en prend aux populations civiles, tente de détruire la civilisation dont la France se considère comme le porte-drapeau ; il est moqué, injurié, dénigré, détesté, les Français essaient de le tenir en lisière, de le contrôler. En pure perte ! Pourtant, au terme de ces conflits suicidaires, avec quelle rapidité elle se réconcilie avec l'Allemagne, et prend avec elle la tête de la construction de l'Europe ! À croire qu'elle lui gardait moins de rancune qu'à l'Angleterre !

La France, si souvent déchirée par ses divisions internes, semble avoir besoin de cristalliser des sentiments hostiles envers un rival pour être elle-même, pour se sentir courageuse, confiante, rassemblée face à un péril extérieur. Aujourd'hui, ce n'est ni aux Anglais, ni aux Allemands, ni aux Russes qu'elle s'en prend, mais plus volontiers aux Américains, ses alliés de toujours, coupables à ses yeux d'être trop puissants, trop entreprenants, trop envahissants par le rayonnement de leur économie, de leur science, de leur culture et par la force de leurs armes. Comme si les États-Unis occupaient indûment la place qu'elle estime lui revenir de droit, celle de modèle universel, de référence pour la justice et le progrès. Au fond d'elle-même, la France sait bien qu'elle n'est plus la première mais elle a beaucoup de mal à en prendre son parti. Elle ne s'y efforce guère, se voulant toujours hors concours, non soumise au sort commun. Elle a théorisé ce sentiment en inventant l'« exception française ».

IV

Des vertus hors du commun

Dans les destins d'exception, rien n'est possible sans circonstances extraordinaires : sans la guerre de Cent Ans, Jeanne aurait, sa vie durant, gardé les moutons à Domrémy ; sans la faiblesse de Louis XIII et la faveur de Marie de Médicis du moins au début, Richelieu serait demeuré évêque de Luçon ; sans la Révolution, Bonaparte aurait servi la monarchie qui l'en aurait récompensé, mais pas à la mesure du génie qu'il portait en lui et que, peut-être, il n'aurait pas pu manifester ; sans le désastre de 1940, de Gaulle aurait poursuivi une carrière militaire qui, son incommodité aidant, ne l'aurait pas conduit au sommet de l'armée ; sans la crise algérienne, de Gaulle encore ne serait pas revenu au pouvoir en 1958, et n'aurait pu fonder la Ve République.

Quand l'occasion se présente, il convient de la saisir à l'instant. Encore faut-il avoir la capacité de l'exploiter, et manifester des dons à la mesure des circonstances qui s'offrent : intelligence, non-conformisme, prestige moral conféré par des qualités sortant de l'ordinaire, séduction, force de conviction afin de fortifier les courages et d'entraîner les ardeurs.

*
* *

Chez Jeanne, ce qui frappa et surprit tous ceux qui la rencontrèrent, qui l'écoutèrent, qui la virent agir, c'était son intelligence, tellement inattendue chez une jeune paysanne illettrée arrivée de son lointain village aux horizons bornés.

Pour Michelet, ce qui fit l'originalité et le succès de Jeanne, ce ne furent pas tant sa vaillance si vantée, ni ses visions si célèbres, que son bon sens – bon sens, forme supérieure de l'intelligence. Dieu en personne le lui avait dit : Charles VII était l'héritier, le « naturel lieutenant » de Dieu en France. Cette fille si simple, si pragmatique, non seulement discerna en termes frappants d'évidence la question qui se posait à la France, mais surtout la résolut en quelques mois. Là où ceux qui étaient trop politiques, trop cyniques, trop incrédules, trop peu sentimentaux avaient échoué, elle réussit.

128

Encore avait-il fallu faire reconnaître cette intuition par un roi qui doutait de lui-même, et par des grands qui hésitaient, ne sachant plus où étaient leurs intérêts, par ce peuple qui souffrait et qui était prêt à se rallier à quiconque lui apporterait la paix. Pour y parvenir, il fallait tenir fermement tout le pays au sud de la Loire, éviter que la marée anglaise ne le recouvrît tout entier, il était nécessaire d'en faire une base de départ solide afin de reconquérir le Nord.

Cela aussi Jeanne le comprit la première : rien ne serait gagné que d'abord dans les esprits de ce peuple malheureux. Le sursaut surviendrait si un avantage psychologique décisif était conquis : le sacre royal à Reims, selon le rite de l'antique monarchie. Alors l'onction mettrait le roi hors d'atteinte des intrigues et des entreprises des Anglais et des Bourguignons ; son pouvoir incontesté, son autorité assurée, sa légitimité reconnue rendraient toute désobéissance criminelle. En outre, cette consécration il en conserverait à jamais le bénéfice, et ses successeurs après lui.

C'est pourquoi, après Orléans, au lieu d'aller combattre en Normandie ou autour de Paris, comme le recommandaient la plupart des chefs de l'armée – ce qui paraissait indispensable pour achever de vaincre l'ennemi –, elle convainquit le roi et imposa à l'armée de prendre la direction de Reims : sacrer le roi était pour elle une nécessité très supérieure à celle de s'emparer de Paris. En cela elle voyait juste. Sa mission était, à ses yeux, religieuse et politique plutôt que militaire. « Pour elle, une fois le roi consacré et sacré, rappelle le bâtard d'Orléans, la puissance des adversaires diminuerait toujours et ils ne pourraient finalement nuire ni à lui, ni au royaume. Tous se rallièrent à son avis. » La force du pouvoir royal résidait dans son origine religieuse et sa consécration le ferait reconnaître dans tout le pays. Après Reims, elle continua à voir juste : il fallait poursuivre la guerre. Elle ne fut pas écoutée, le roi préféra négocier et fut trompé par son cousin de Bourgogne. Une année avait été perdue, alors que l'élan aurait pu tout emporter.

Jeanne raisonnait mieux que les politiques les plus experts. Cette simple fille qui croyait aux injonctions divines transmises par les voix des saints qui lui parlaient avait un jugement droit, un coup d'œil juste : pour sauver la France, construite au fil des siècles par ses rois, il fallait d'abord relever la royauté et pour cela rendre son prestige à l'héritier qui finissait par perdre espoir.

La France ne pouvait être sauvée sans que la monarchie le fût aussi, et la monarchie ne pouvait l'être sans que son héritier se ressaisît. C'était tellement simple ! Elle avait en elle tant de certitude, elle avait si souvent raison, ses prévisions se vérifiaient si bien qu'elle en imposait. Régine Pernoud cite, par exemple, les propos d'un vieux seigneur des environs de Vaucouleurs : « Cette fille parlait très bien, j'aurais aimé avoir une fille qui parle aussi bien. » Influence de Jeanne sur tous les puissants, militaires ou politiques, dont la plupart hésitaient à la suivre !

Envoyée à Poitiers pour être examinée par une assemblée de légistes et de clercs, elle les surprit tous par son intelligence. Charles VII et les habitants du royaume qui lui restaient fidèles étant au désespoir et ne sachant quelle aide pouvait leur venir, le roi, conclurent-ils, pouvait « s'aider d'elle ». Jean Bardin, avocat au Parlement, rapporte qu'elle suscita l'étonnement, l'admiration et la dévotion qu'inspire la supériorité. À Poitiers toujours, frère Seguin, que pourtant elle moque pour son accent limousin, ne cache pas son admiration : « Elle dit alors à lui-même et aux autres qui étaient présents quatre choses qui allaient advenir et qui sont arrivées ensuite.

D'abord elle dit que les Anglais seraient chassés et que le siège mis devant la ville d'Orléans serait levé, et que la ville d'Orléans serait libérée des Anglais, mais que d'abord elle leur enverrait des lettres de sommation ; ensuite elle dit que le roi serait consacré à Reims ; troisièmement que la ville de Paris reviendrait en l'obéissance du roi, et que le duc d'Orléans reviendrait d'Angleterre. Tout cela, concluait Seguin, je l'ai vu s'accomplir. » Prescience, certitude d'avoir accompli une mission confiée par Dieu, par-dessus les rois, les évêques et le pape lui-même.

Même chose lors de son procès face à des théologiens et à des docteurs qui prétendaient, au nom des prérogatives de l'Église terrestre, nier l'Église céleste, les miracles, le merveilleux. Allant une fois de plus à l'essentiel, elle balaya les arguties sans se laisser démonter, discutant pied à pied, s'en remettant tantôt au roi, tantôt au pape, tantôt à l'Église, le plus souvent à Dieu, sans jamais tomber dans aucun piège. Comme le dit Michelet, elle voyait clairement le conflit entre l'autorité de l'Église institutionnelle et celle de l'Église invisible. Elle était certaine de porter en son cœur les saints et les anges qui lui parlaient et l'inspiraient ; comment aurait-elle pu douter ? Elle voyait juste, bien plus que les politiques cyniques qui entouraient le roi. Pour elle, tout était limpide, simple et tout fut rapidement accompli. Il ne lui restait plus qu'à être condamnée et suppliciée. Elle avait gagné !

Il ne lui suffisait pas de voir plus juste et plus vite que les autres, il lui fallait le prestige moral afin de s'imposer aux hommes de guerre, au roi, et de faire taire ses conseillers, ne serait-ce qu'un temps.

*
* *

Jeanne est sans état d'âme dans le combat, ardente, entreprenante mais pitoyable et bonne.

La guerre étend ses ravages dans la France déchirée, Jeanne la conduit comme un véritable chef, au milieu de ses soldats, s'imposant à des capitaines éprouvés, goguenards au début, très vite admiratifs – Alençon, Rais, La Hire, Dunois et tant d'autres – qui la suivent, lui obéissent, lui demeureront fidèles.

À Domrémy, enfant, elle avait vu de ses yeux ce qu'était la guerre ; les fugitifs auxquels on offre l'asile, la fuite devant les routiers et les brigands, les maisons incendiées, les champs dévastés. Elle en avait l'horreur, c'était tout le contraire de la piété et de la charité qui lui étaient enseignées et qu'elle avait dans le cœur, mais bien le règne du diable, de la cruauté, du péché mortel. Elle ne pouvait pas croire que Dieu permettrait cela indéfiniment.

Une fois investie de son commandement par Charles VII, elle dut s'imposer. La guerre transformait les hommes en bêtes féroces par goût autant que par nécessité ; il fallait en refaire des chrétiens respectueux des préceptes de la religion. Chose extraordinaire, un temps elle parut réussir à convertir ces chefs de brigands à une conduite plus décente : ils éloignèrent les femmes qui leur faisaient cortège sur les chemins, ils priaient, se confessaient, communiaient. Avec Jeanne, une nouvelle vie commença pour eux, ils lui faisaient confiance, prêts à la suivre où elle les conduirait. Déjà on parlait d'aller une nouvelle fois délivrer le Saint-Sépulcre en compagnie des Anglais !

Jeanne, jeune femme en armure portant un étendard et une épée, mais pas celle que le roi voulait lui offrir, celle conservée dans l'église de Sainte-Catherine-de-Fierbois, est pour ses contemporains un personnage d'exception. Elle fait penser à Déborah, ou à Judith, femmes combattantes de la Bible.

Elle n'était pas seulement un symbole, mais un vrai chef : elle avait l'âme forte, le caractère bien trempé. Elle prenait des initiatives, défendait ses choix militaires, s'acharnant à les faire prévaloir sans ménagement pour les soldats sûrs de leur art. Elle n'avait ni formation ni capacité manœuvrière – comment et quand aurait-elle acquis l'une ou l'autre ? – mais un cœur infatigable, de l'audace, un courage sans défaillance. Ses exploits frappent l'opinion. En libérant Orléans, elle a donné le « signe » que chacun attendait. À Orléans, à Loches, c'est elle qui, payant de sa personne, emporte la décision : elle doit s'exposer pour gagner, elle le sait, elle n'y manquera jamais. Le détour par Reims mis à part, elle pousse au combat sans relâche, pour vaincre le plus vite possible et s'emparer du plus grand nombre de villes.

Dynamisme, entrain, courage physique, rien en elle de mièvre ni de fade. Elle en témoigne aussi en tenant plus tard tête à ses juges, aux dizaines d'hommes devant lesquels elle comparaît ou qui se succèdent dans sa cellule pour la harceler, lui tendre des pièges que longtemps elle déjoue avec

une insolence rieuse. Ce courage moqueur, juvé-
nile, presque inconscient du danger, elle le manifeste tout au long de son procès, sauf à la fin,
lorsque, brisée par les souffrances physiques et la
torture morale, le désespoir accable son âme et
qu'elle paraît renoncer, abjurer sa mission. Mais
bien vite elle se ressaisit, son caractère reprend le
dessus, la faiblesse n'a eu qu'un temps.

À la guerre, cette combattante, cette intrépide,
s'est battue toujours au premier rang, entraînant
derrière elle les guerriers parfois hésitants. Mais,
elle le proclame, elle n'a jamais tué un ennemi :
« J'aimais mieux voir quarante fois mon étendard
que mon épée… Je le portais moi-même en main
quand on allait à l'assaut, pour éviter de tuer
personne ; je n'ai jamais tué personne. » Faire
tuer en dirigeant l'assaut ou tuer soi-même, ce
n'était pas pour elle la même chose, ce
qu'aujourd'hui nous avons du mal à comprendre.

C'est une guerrière accessible à la pitié, charitable ; elle met toute sa violence au service de sa
mission et n'oublie jamais qu'elle a en face d'elle
des hommes, Anglais ou Français, qui sont ses
ennemis mais auxquels elle ne veut pas de mal
pour peu qu'ils se conforment à la volonté de
Dieu, que les premiers quittent la France, que les

seconds admettent qu'ils n'ont qu'un roi légitime, Charles VII.

Avoir couru de tels dangers, accompli de tels exploits, sauvé la France de l'un des deux plus grands périls de son histoire, souffert un martyre cruel et avoir conservé une âme d'adolescente douce et miséricordieuse à tous, même aux ennemis ! Là, combien elle est différente des autres sauveurs de notre histoire ! Jeanne bouleverse le cœur.

*

* *

Le prestige de Jeanne ne procède pas seulement de son courage et de son humanité, il a aussi une autre source, que nous avons plus de mal à comprendre et qui nous déroute : sa pureté. À l'importance que celle-ci a revêtue pour ses contemporains, on voit bien que c'est une histoire d'un autre âge.

La plus grande héroïne française, héroïne guerrière, héroïne politique et nationale, est une femme. Une femme, à l'époque un symbole de la faiblesse et de la soumission ! Elle est jeune, vierge, elle n'a jamais connu l'amour. Pour elle, le commerce avec un homme serait une trahison de Dieu qui lui a tracé une autre destinée donnant son seul sens à sa vie. Elle partage les idées de son temps : lorsqu'elle apprend qu'elle va être brûlée, elle plaint le sort que va connaître son pauvre corps, « intact et non corrompu ». Être femme, être mère, était-ce se corrompre ?

Sa pureté, symbole de sainteté, symbole de vérité, attestait que Dieu avait confié une mission à Jeanne : il était notoire que le diable ne faisait pas de pacte avec une vierge. Si elle était vierge, elle était redoutable à ses ennemis ; si elle ne l'était plus, elle se trouvait comme désarmée, perdait force et puissance. D'où les examens de virginité auxquels elle fut soumise à plusieurs reprises ; d'où l'habit d'homme dont, vivant au milieu des soldats et des geôliers, elle se proté-geait, et qui devait devenir, ô tragique ironie ! le prétexte unique de sa condamnation ; d'où la tentative d'un chevalier anglais de la violer lorsqu'elle était prisonnière et enchaînée, afin de lui ravir son charme, ses pouvoirs surnaturels.

« La Pucelle », « Jeanne la Pucelle » : c'était sa définition, son état, son titre, son nom, comme si elle était seule dans ce cas. Lui contester ce qui était en quelque sorte sa nature, c'était lui retirer la source de son pouvoir. La pureté charnelle était devenue au XVe siècle quasiment un talisman, croyance qui, à nos yeux, comporte quelque chose de barbare et de primitif.

Alors que le bâtard d'Orléans défendait Orléans sans ressources ni moyens, il se reprit à espérer quand lui parvint la rumeur d'une intervention divine : une jeune fille disant s'appeler « Jeanne la Pucelle » devait, sur mandat céleste, redresser une situation dramatique. On rapportait au Bâtard que cette pucelle, arrivée auprès du roi à Chinon, avait demandé des hommes, des chevaux et des armes pour lever le siège. Examinée à Poitiers par des clercs désignés par le roi, afin de savoir « si elle était un homme ou une femme, et si elle était corrompue ou vierge, elle fut trouvée femme, vierge et pucelle ».

Prisonnière à Rouen et redoutant ses gardiens anglais qui couchaient dans sa cellule et, à plusieurs reprises, avaient tenté de lui faire violence, elle dut subir le même examen qu'à Poitiers ; là encore sa virginité fut constatée, et défense fut faite aux gardiens de la molester. Cette virginité était ce qui faisait à la fois son prestige, sa défense et sa faiblesse.

Pourquoi ces vérifications renouvelées ? Pour Régine Pernoud, elles étaient avant tout destinées à faire la preuve de sa sincérité : elle aurait été confondue immédiatement si l'on avait découvert qu'elle n'était plus pucelle ; convaincue de mensonge, elle eût été immédiatement renvoyée chez elle, et son histoire en serait restée là.

Preuve de sincérité, sans doute, mais cet examen avait une autre importance, un autre sens. Qui voulait se consacrer à Dieu sans partage devait demeurer pleinement disponible, intact : la virginité conservée était pour la femme le symbole de cette vocation. C'était depuis des siècles une tradition de l'Église si bien acceptée qu'une fois reconnue vierge, jamais Jeanne ne fut soupçonnée d'avoir commerce avec le diable, malgré les injures des Anglais.

Sur l'importance de la pureté un autre témoignage, celui de l'écuyer royal Gobert Thibault : « Dans l'armée, elle était toujours avec les soldats ; j'ai entendu dire par plusieurs des familiers de Jeanne que jamais ils n'avaient eu désir d'elle ; c'est-à-dire que parfois ils en avaient volonté charnelle, cependant jamais n'osèrent s'y laisser aller, et ils croyaient qu'il n'était pas possible de la vouloir ; et souvent, quand ils parlaient entre eux du péché de la chair et disaient des paroles qui pouvaient exciter à la volupté, quand ils la voyaient et s'approchaient d'elle, ils n'en pouvaient plus parler et soudain s'arrêtaient leurs transports charnels. J'ai interrogé à ce sujet plusieurs de ceux qui parfois couchèrent la nuit en compagnie de Jeanne, et ils me répondaient comme je l'ai dit, ajoutant qu'ils n'avaient jamais ressenti désir charnel quand ils la voyaient. »

Tous les compagnons de Jeanne dans ses voyages et ses combats exprimeront le même sentiment. Sa faiblesse féminine, sa pureté, son courage seront la source de la dévotion qu'elle suscitera. Écoutons Alain Chartier : « La voilà, celle qui ne semble pas être venue de quelque point du monde, mais avoir été envoyée du ciel pour soutenir de la tête et des épaules la Gaule abattue à terre. Ô vierge singulière, digne de toute gloire, de toutes louanges, des honneurs divins, tu es la grandeur du royaume, tu es la lumière du lys, tu es la clarté, tu es la gloire non seulement des Français, mais de tous les chrétiens. »

Ses ennemis savaient bien que là se trouvait la source de son prestige. À Rouen, ils la surveillaient nuit et jour dans sa prison et tentaient de l'humilier, la traitant de « paillarde », de « ribaude » ou de « putain des Armagnacs ». Comment s'étonner qu'elle tînt tellement à son habit d'homme « bien lié », surtout si elle n'était plus révérée et respectée comme elle l'avait été par les soldats ses compagnons auprès desquels elle dormait lors de ses campagnes ?

Au cours du procès, sans cesse revient la question de cet habit d'homme, comme s'il était indispensable de prouver qu'elle bravait en le portant les principes de la pudeur et de la chasteté, qu'elle se soustrayait aux lois de l'Église : « Est-ce Dieu qui vous a commandé de prendre un habit d'homme ? – L'habit, c'est peu, la moindre chose ; et je n'ai pas l'habit d'homme par le conseil d'hommes de ce monde. Je n'ai pris cet habit ni rien fait que par le commandement de Dieu et de ses anges. »

Jeanne tenait à cet habit parce que ses voix lui avaient commandé de le porter et qu'elle gisait dans sa prison étendue, les jambes enchaînées, à la merci de ses gardiens constamment présents.

Précaution nécessaire car elle était jeune et belle. Haimond de Macy, chevalier bourguignon au service de Jean de Luxembourg, eut peine à résister à sa séduction lorsqu'elle était en prison au château de Beaurevoir ; lors du procès de réhabilitation il raconte : « J'ai tenté plusieurs fois, jouant avec elle, de lui toucher les seins, essayant de mettre ma main sur sa poitrine, ce que Jeanne ne voulait souffrir, mais elle me repoussait de tout son pouvoir. Jeanne était en effet d'honnête tenue, tant dans ses paroles que dans ses gestes. »

Revenons encore au procès : « Pensez-vous toujours être sûrement sauvée ? – J'entendais dire ainsi : pourvu que je tienne le serment et promesse que j'ai faits à Notre-Seigneur, c'est à savoir de bien garder ma virginité, de corps et d'âme. »

Toujours son obsession de la pureté, qui sera le prétexte de son supplice. Comme à la fin de son procès on lui demandait pourquoi, alors qu'elle avait promis d'y renoncer, elle avait repris l'habit d'homme : « Pour ce qu'il m'était plus licite de le reprendre et avoir habit d'homme, étant entre les hommes, que d'avoir habit de femme. Les Anglais m'ont fait ou fait faire en la prison beaucoup de torts et de violences tant que j'étais vêtue d'habits de femme. *[Elle pleure.]* J'ai fait cela pour la défense de ma pudeur, qui n'était pas en sûreté en habit de femme avec mes gardes, qui voulaient attenter à ma pudeur. Je m'en plains

grandement. Après mon abjuration et renonciation, on m'a tourmentée violemment en ma
prison, molestée, battue et foulée. Et c'est la
cause pourquoi j'ai repris l'habit d'homme. »

Elle eut beau dire qu'elle obéissait à ses voix et
affirmer, ce qui est évident, que l'habit d'homme
convenait mieux pour la protéger tant qu'elle était
gardée par des hommes, pour ses ennemis, pour ses
juges et même pour ses admirateurs, le respect de
la condition féminine manifestée par le port d'un
habit de femme avait une importance décisive.

Michelet rappelle le culte de la femme, spécialement le culte de la vierge célébrés pendant tout
le Moyen Âge, de légende en légende : « Enfin,
s'écrie-t-il, on la voit, cette vierge secourable des
batailles que les chevaliers invoquaient, on la voit
sur terre, et ce n'est pas une grande dame, mais
encore une enfant, une simple fille de campagne,
à la fois humble et fière. Ainsi Jeanne, la vierge à
l'âme tellement belle, est-elle la première image
de la patrie. »

On la brûle ! C'est la fin du temps des chevaliers.

*
* *

144

L'action s'exerce d'abord sur les esprits ; parler, c'est manifester sa volonté, donner son véritable sens à ce qu'on entreprend, frapper les imaginations, entraîner les adhésions, c'est agir.

Le style de Jeanne, sa façon de s'exprimer, est à l'image de sa personnalité : envergure de l'intelligence, capacité à définir l'essentiel et à s'y tenir sans faiblesse. Elle parle de façon saisissante, à l'emporte-pièce, elle suscite l'admiration. À Poitiers déjà, au début de sa mission, lorsqu'elle était soumise à l'examen des clercs, l'un d'eux déclara : « Elle répondit de grande façon. »

Dans ses propos comme dans ses proclamations, elle manifeste une autorité naturelle, son ton tranchant, définitif est fait d'intelligence, d'insolence, de gaieté ; ceux qui l'entendent sont sensibles à l'élévation de son âme.

Au procès de Rouen, ses réponses, souvent pleines de poésie, témoignent qu'elle est une véritable artiste du verbe, qu'elle a un langage concis, vigoureux, bouleversant d'émotion ; elles nous la montrent jeune, fière, parlant avec nostalgie de la maison de ses parents, de la nature, moqueuse, gaie, humble devant Dieu et ses saints, téméraire devant les hommes d'Église qui s'acharnent à la mettre en contradiction avec elle-même pour

mieux la condamner ; elle ne songe pas à se protéger, à se ménager des soutiens, elle ne se soucie
que de la mission que Dieu lui a confiée. Elle
accepte d'avance, sans se plaindre, l'épreuve, la
souffrance, le martyre.

On voit bien quelle est la trempe de son caractère et de son esprit : son bon sens ravageur
réduit à néant les arguties des sophistes ecclésiastiques, ses propos, dans leur brièveté, balaient les
objections, emportent la conviction ; elle est
charitable mais elle peut se montrer violente et
sûre d'elle. Face à l'hypocrisie et à la perfidie de
ceux qui la questionnent, Jeanne témoigne de la
simplicité et de la profondeur de son esprit, de sa
droiture, de sa foi, de son innocence, en somme
de sa sainteté.

Souvent ses réponses laissent ses juges sans
voix, elles montrent combien elle maîtrise sa
pensée et son expression. Faisant preuve d'une
émouvante grandeur, elle les confond. Grâce au
procès, ils voulaient la perdre, montrer ses erreurs
et ses mensonges ; en fait ils ont sauvegardé sa
mémoire et concouru à sa gloire tout en étalant – la
lecture des pièces en témoigne – leur lâcheté et
leur cruauté. Comme l'écrit Péguy : « C'est comme
si nous avions l'évangile de Jésus-Christ par le

greffier de Caïphe, par l'homme qui prenait des notes aux audiences de Ponce Pilate. »

Pour ses juges, l'essentiel est de faire dire à Jeanne qu'elle refuse l'autorité de l'Église. Elle ne recourt pas à de longs développements, elle ne cherche pas à noyer le poisson, elle parle clair, elle parle net, elle parle vrai. Ce qui fait de son procès – quel bonheur que le texte en ait été conservé ! – un chef-d'œuvre de notre langue, chef-d'œuvre d'intelligence, de droiture, de naturel.

On est confondu par son sens de l'essentiel, de la formule juste ; on croit l'entendre. Elle se souvient : « Quand j'eus l'âge de treize ans, j'eus une voix de Dieu pour m'aider à me gouverner. Et la première fois, j'eus grand-peur. Et vint cette voix environ à l'heure de midi, au temps de l'été, dans le jardin de mon père. » La voix l'a bouleversée la première fois, puis elle s'y est habituée. Comment dire les choses de façon plus simple, plus poétique ? Elle évoque sa jeunesse, sa vie chez ses parents, les travaux des champs, les fleurs, les arbres.

N'allons pas croire qu'elle était mièvre. On l'accuse, on cherche à la mettre en porte à faux, mais elle proteste, ne se laisse pas intimider ; c'est une combattante que personne ne fait reculer, elle conteste la manière dont on présente ses pensées et ses actes. Des mois et des mois durant elle tient tête à une assemblée, simulacre de tribunal, face à laquelle, seule et souffrante, elle comparaît sans avocat, jusqu'à ce qu'elle s'effondre. Défaillance de quelques heures seulement, mais ce seront les heures décisives qui mèneront à sa condamnation.

Si elle ne s'en laisse pas conter, elle demeure humble, dans la main de Dieu : « Savez-vous si vous êtes en la grâce de Dieu ! – Si je n'y suis, Dieu m'y mette ; et si j'y suis, Dieu m'y tienne. » Elle poursuit : « Je serais la plus dolente du monde si je savais n'être pas en la grâce de Dieu. Et si j'étais en péché, je crois que la voix ne viendrait pas à moi. Et je voudrais que chacun l'entendît aussi bien comme moi. »

D'un haussement d'épaules, elle déjoue les pièges grossiers qu'on lui tend : « En quelle figure était saint Michel quand il vous apparut ? – Je ne lui vis pas de couronne, et de ses vêtements je ne sais rien. – Était-il nu ? – Pensez-vous que Dieu n'ait de quoi le vêtir ? – Avait-il des cheveux ? – Pourquoi les lui aurait-on coupés ? Je n'ai pas vu le bienheureux Michel depuis que j'ai quitté le château de Crotoy. Je ne le vois pas bien souvent. Je ne sais pas s'il a des cheveux. »

Dans sa solitude tragique, Jeanne se tient droite, fière, sans faiblesse. Elle impressionne par sa vaillance, son honnêteté. Elle parle de ses « voix », celles de sainte Catherine, de sainte Marguerite, de saint Michel, mais sans s'étendre ni faire de confidences, en demeurant discrète, secrète.

« Êtes-vous assurée d'être sauvée ? – Je crois fermement ce que mes voix m'ont dit, à savoir que je serai sauvée, aussi fermement que si j'y étais déjà. – Après cette révélation, croyez-vous que vous ne puissiez pécher mortellement ? – Je n'en sais rien, mais de tout je m'en rapporte à Dieu. Aussi je la tiens pour un grand trésor. »

Elle est soumise à l'Église, mais – elle le répétera sans cesse – l'Église ne peut qu'être soumise à Dieu. Là encore tout est dit en quelques mots, elle en remontre aux théologiens. On ne parviendra pas à l'enfermer dans des contradictions, elle refuse l'alternative : obéir à l'Église ou obéir à Dieu. « Si l'Église militante vous dit que vos révélations sont illusions ou choses diaboliques, vous en rapporterez-vous à l'Église ? – De cela je m'en rapporterai toujours à Dieu dont j'ai toujours fait le commandement, et je sais bien que ce qui est contenu au procès vient par le commandement de Dieu, et ce que j'affirme dans ce procès avoir fait par commandement de Dieu, il m'eût été impossible d'en faire le contraire. Et au cas que l'Église militante me commanderait de faire le contraire, je ne m'en rapporterais à homme au monde, hors à Notre Sire, dont j'ai toujours fait le bon commandement. »

Les juges y reviennent sans cesse et elle ne se lasse pas de répéter : « Croyez-vous que vous n'êtes pas soumis à l'Église de Dieu qui est sur terre, c'est-à-dire à notre seigneur le pape, aux cardinaux, archevêques, évêques et autres prélats de l'Église ? – Oui, Notre Sire premier servi. – Avez-vous commandement de vos voix de ne pas vous soumettre à l'Église militante qui est sur terre ni à son jugement ? – Je ne répondrai aucune chose que je prenne en ma tête, mais ce que je réponds, c'est du commandement de mes voix ; elles ne me commandent pas que je n'obéisse à l'Église, Dieu premier servi. » Elle le dit, elle le répète, elle s'en tiendra là. Tout peut-il être dit en moins de mots sur la relation des fidèles avec l'Église et avec Dieu ?

Elle n'imagine pas – ou elle ne veut pas le dire clairement – qu'il advienne que l'Église n'exprime pas la volonté de Dieu ; elle se borne à affirmer que la seconde doit toujours l'emporter. Habileté qui ne la sauvera pas du supplice.

*
* *

Jeanne semble avoir tous les dons nécessaires aux héros de l'action : intelligence, élévation morale, courage et bonté, hardiesse, capacité de séduire, de créer des attachements fidèles. Personne n'a jamais réuni comme elle toutes ces qualités. Bainville l'a écrit, il n'est dans aucun temps, dans aucun pays, héroïne aussi pure, récit plus merveilleux. Il est vrai qu'elle est passée très vite dans l'Histoire, alors que les autres sauveurs s'y sont attardés et ont pu à loisir commettre des erreurs, révéler leurs lacunes.

Mais son épopée n'est pas seulement une chanson de geste qui émeut et attendrit. Épisode extraordinaire, elle manifeste de la façon la plus éclatante ce que la France attend des hommes auxquels, dans l'épreuve, elle confie son destin.

*
* *

Et, avant tout, le refus d'un certain ordre établi. Il y a les sauveurs et les résignés ! Selon que les uns ou les autres sont aux commandes, l'histoire est différente. Les premiers la font bouger et le sort des hommes change en bien ou en mal. Les seconds tentent de l'endormir dans l'immobilité. Le réveil est violent.

Les sauveurs sont des contestataires, des révoltés. Hostiles au conformisme des pouvoirs en place, ils n'acceptent pas leurs préjugés, les faits tels que les timides les contemplent et les admirent comme s'ils s'imposaient tels quels, immuables, et l'emportaient sur l'imagination et sur l'énergie. Les sauveurs soumettent à un œil critique toutes les évidences unanimement admises, ils refusent de se résigner aux vérités du moment, voient plus loin, convaincus que les événements peuvent changer si une volonté forte se donne les moyens d'agir. Ils imaginent l'avenir sans se laisser engluer dans le présent. Ils ne renoncent pas, s'insurgent, affrontent la réalité pour la changer parce qu'ils la comprennent et ont l'intelligence des situations. Ce sont des esprits libres, qui préfèrent innover plutôt que répéter. Ils troublent le jeu, créent le désordre en toute connaissance de cause, convaincus qu'ils pourront y mettre fin lorsque, faisant place nette, il les aura débarrassés des obstacles. Quand, grâce à l'élan qu'ils ont donné, ils ont réussi, le monde n'est plus le même.

Pas de sauveur sans imagination, capacité d'invention et de renouvellement, dédain pour les méthodes héritées du passé avec leurs solutions toutes faites. Encore faut-il voir clair et disposer d'une intelligence permettant de mesurer les difficultés, de prévoir le moyen d'en triompher.

Que de preuves des victoires de l'intelligence dans l'histoire de la France ! Combien de témoignages des conséquences funestes qu'ont eues les erreurs de jugement ! Dans l'anarchie des temps barbares, les rois francs ne purent asseoir leur pouvoir qu'avec l'aide de l'Église, refuge de l'esprit et de la culture, seule structure organisée ayant résisté à l'effondrement de Rome : ils le comprirent, se firent les défenseurs du pape, s'aidant de lui pour s'affirmer face aux prétentions universelles de l'Empire byzantin. Plus tard, faisant front aux empiètements des grands féodaux, c'est sur les villes et sur les évêques que les Capétiens choisirent de s'appuyer pour établir une monarchie solide. Plus tard encore, la France meurtrie par les guerres de Religion aurait pu sembler irrémédiablement vouée à l'éclatement, à l'invasion étrangère espagnole, allemande ou anglaise, si un roi intelligent n'avait su apaiser la discorde en reconnaissant à tous une certaine liberté de conscience ; Henri IV y réussit, le temps de son trop court règne. L'encerclement de la maison d'Autriche fut ensuite brisé par une monarchie qui sut se rénover, affirmant son autorité sur tous les corps intermédiaires, disposant des moyens de la puissance, écrasant sans état d'âme toutes les révoltes aristocratiques, religieuses, paysannes ; il fallait l'imaginer et le vouloir : ce fut Richelieu. Après dix ans de révolution, la France aspirait avant tout au retour à l'ordre, les bénéficiaires de la fin des privilèges entendaient conserver ceux dont ils s'étaient à leur tour emparés : Bonaparte le comprit, ce fut le Consulat, qui fonda un monde nouveau ; en même temps il brisait la coalition des rois, utilisant la conscription universelle voulue par la Convention, rompant avec les méthodes militaires traditionnelles, imaginant une stratégie nouvelle reposant sur une organisation parfaite, la rapidité, l'ubiquité ! Il ne comprit pas, en revanche, que l'Europe n'accepterait pas d'être ruinée par le Blocus continental que, devenu empereur, il tenta de lui imposer pour mettre à genoux l'Angleterre, sa richesse et son commerce. Il ne vit pas davantage que son despotisme faisait prendre conscience d'eux-mêmes aux Allemands, aux Espagnols, aux Russes, que les nations se réveillaient sous les pas du conquérant qui, loin d'être leur libérateur, comme il le prétendrait à Sainte-Hélène, fut leur oppresseur. Que peut l'intelligence, fût-elle géniale, quand un tempérament outrancier, un caractère incontrôlé prennent le pas ?

La France, pour s'affranchir de la menace des Habsbourg, avait compris que seules des alliances de revers dirigés contre eux lui viendraient en aide : elle fit tour à tour appel aux princes protestants d'Allemagne, aux Turcs, comme plus tard à la Russie puis à l'Angleterre contre l'Allemagne. Rien n'est pire que de figer la politique dans des liens immuables : les intérêts varient, les rapports de force changent avec eux, les sentiments ou plutôt les alliances doivent suivre. À la veille de sa mort, Louis XIV songeait déjà à se rapprocher de l'empire des Habsbourg contre l'Angleterre : renversement prémonitoire des alliances que son arrière-petit-fils Louis XV mit en œuvre sans succès, l'opinion y étant hostile. Un siècle plus tard, l'Autriche était moins dangereuse que l'Allemagne : Napoléon III, qui laissa Bismarck unifier celle-ci autour de la Prusse, n'en fut pas conscient ; comme ne le furent pas davantage en 1918 les vainqueurs qui détruisirent la monarchie austro-hongroise et toute l'organisation de l'espace danubien et balkanique, seule capable d'équilibrer l'Allemagne. Clemenceau ne le comprit pas et, l'Autriche-Hongrie démembrée, rien ne s'opposa plus à la prédominance allemande au centre de l'Europe. Le désordre et la fragilité y règnent encore aujourd'hui.

Autre erreur de l'esprit, mais qu'expliquent les intérêts matériels et le souci de l'organisation sociale : en 1870, les armées impériales étant défaites, l'invasion prussienne aurait peut-être pu être repoussée si la réaction patriotique du peuple sous l'impulsion de Gambetta avait été organisée ; pour cela, il aurait fallu remettre en cause l'ordre établi, ce que ne voulaient ni les royalistes ni les bonapartistes, ni même les républicains modérés hantés par les souvenirs de 1793 et de 1848, et qui redoutaient la subversion. En 1940, Weygand eut la même réaction, justifiant l'armistice par le danger d'anarchie et de révolution sociale qu'auraient pu susciter la poursuite de la guerre comme la capitulation.

De Gaulle est un homme hors du commun par son caractère et son courage moral, mais tout autant par son non-conformisme et l'envergure de son esprit. Dès 1930, il avait compris qu'un conflit avec l'Allemagne était inévitable, qu'il ne pourrait être gagné par le recours aux méthodes du passé, qu'il fallait abandonner la guerre de position au profit de la guerre de mouvement dont l'instrument serait des forces blindées indépendantes de l'infanterie, frappant l'ennemi au point faible grâce à une aviation mise à leur service, bref que l'armée française devrait franchir les frontières au lieu de se croire à l'abri derrière la ligne Maginot réputée inexpugnable. Par des articles, des conférences et des livres, il tenta d'emporter l'adhésion des responsables du pays, politiques et militaires. Il échoua, fut moqué, tancé, éloigné, sa carrière en fut affectée. Même l'effondrement du printemps de 1940 ne réussit pas à convaincre ses supérieurs qu'il avait vu juste avant eux, malgré eux.

Autre preuve de sa supériorité, il était assuré que, malgré le désastre, tout n'était pas fini pour la France : elle avait une flotte magnifique intacte, le deuxième empire colonial du monde et surtout des alliés : ceux du moment, essentiellement l'Angleterre, ceux du lendemain, les États-Unis, l'attitude soviétique étant incertaine.

« La France n'est pas seule ! » Voilà qui fondait l'entreprise gaullienne et la justifiait, pas seulement par le sentiment patriotique, mais par la raison et les perspectives de l'avenir. Il le vit, il le dit avant tout autre, son action entière en découle.

Pour que cette dernière fût efficace, il devait se montrer intraitable. Cela aussi, de Gaulle le comprit d'autant mieux que son caractère l'y portait : « Je suis trop faible pour plier », déclarait-il à Churchill. S'il ne voulait pas apparaître comme un supplétif aux ordres des Alliés, il devait symboliser la France au combat, incommode, décidée à défendre ses territoires, sa souveraineté, sa liberté de mouvement, résolue à ne se laisser imposer pour l'effort commun de guerre rien à quoi elle n'eût au préalable consenti. Il fut honni, il exaspéra les Anglais et plus encore les Américains mais, grâce à lui, la France fut présente à la table où fut signée la capitulation allemande. Là encore, il avait discerné les principes sur lesquels devait reposer son entreprise pour qu'elle fût couronnée par le succès.

*

* *

Pas de grand destin sans intelligence des situations, refus des solutions toutes faites ; pas davantage sans un rayonnement moral qui place le sauveur au-dessus des hommes ordinaires ; aucun n'a bénéficié d'un prestige de la même nature que celui de Jeanne d'Arc.

La France a le culte, la vénération de la chose militaire. Même si elle a été souvent envahie et souvent vaincue, elle se considère depuis l'origine comme vouée à apporter la paix à ses voisins pour prix de sa domination ; la gloire des armes l'enivre, elle estime la mériter plus que toute autre nation. C'est pourquoi elle n'est toujours pas guérie de l'effondrement de 1940, quelque effort qu'on ait fait pour l'amener à croire qu'elle figurait à bon droit parmi les vainqueurs de l'Allemagne nazie. Au fond d'elle-même, elle sait bien que ce n'est pas aussi vrai qu'elle le voudrait...

C'est dire que la légende du sauveur guerrier est l'une de celles qui lui plaisent le plus. Y a-t-il d'ailleurs dans l'histoire beaucoup de héros, beaucoup de sauveurs qui ne soient pas des guerriers victorieux ? Souvent la violence est un moyen de libération des hommes. Sans la guerre de Sécession, Lincoln aurait-il aboli l'esclavage ?

Dira-t-on qu'il eut tort de faire la guerre, et d'imposer combats et souffrances aux populations des États du Sud attachées à l'esclavage ? Même Jeanne, simple jeune fille ignorante, qui ne veut pas tuer de ses mains mais qui incite ceux qui l'entourent à le faire, voit dans la guerre le seul moyen d'accomplir la volonté divine et d'obtenir la libération de la France du joug anglais.

L'originalité de Jeanne est ailleurs : quelque doués pour la guerre, quelque amoureux de gloire militaire que les sauveurs que nous avons connus aient été, aucun d'eux ne s'est montré spécialement enclin à la pitié, à la charité, à la miséricorde : ni Richelieu, ni Bonaparte, ni Gambetta, ni Clemenceau, ni de Gaulle, aucun d'entre eux. Henri IV lui-même aimait batailler et pardonnait par intelligence bien plus que par inclination à l'indulgence. Quant à Saint Louis – roi légitime et non sauveur, tout héros de notre histoire qu'il est –, il avait, quand il l'estimait utile pour le service de Dieu et du royaume, la main lourde.

*
* *

Au XVe siècle, le don qu'une femme faisait d'elle-même ne pouvait être fait qu'une fois, la première, sans retour. C'était un acte plein de signification. La pureté n'était pas exigée des hommes ; pour eux l'amour n'était pas une salissure, dans l'imaginaire chrétien la perte de leur virginité n'avait pas le même sens que pour les femmes, ni sur le plan religieux ni, bien entendu, physiologique. Là encore, la société médiévale était primitive, inégalitaire, prisonnière de tabous immémoriaux. Loin d'exiger de ses chefs la chasteté, le peuple s'amusait de leurs exploits amoureux, les en admirait ; sur ce plan les choses n'ont guère changé. Ce qui fait une grande part du statut exceptionnel de Jeanne, c'est l'innocence charnelle. D'autres sauveurs, tous des hommes, atteignirent au prestige par des voies différentes, la chasteté n'y figurait pas ; ces hommes providentiels ne furent pas des modèles de tempérance amoureuse, nul ne leur en tint rigueur ni ne songea à l'exiger.

La plupart impressionnent surtout par leur désintéressement, leur éloignement de l'argent, leur passion exclusive pour la patrie et son service ; et aussi par leur force, par leur réussite qui donnent l'illusion qu'ils sont supérieurs, au-dessus des capacités et des sentiments ordinaires. Hors du lot commun.

Les sauveurs sont l'objet d'un culte, d'une dévotion souvent aveugles ; aux yeux du peuple en désarroi qui dans l'épreuve cherche un espoir, ils sont regardés comme des personnalités d'exception révérées comme telles. Les hommes ne souhaitent pas que ceux entre les mains desquels ils remettent leur sort leur ressemblent, ils attendent qu'ils leur soient supérieurs. Le prestige tient aussi à la différence.

Celui de Robespierre, peu doué, semble-t-il, pour l'amour, tenait à ce qu'il paraissait sans faiblesse apparente, incorruptible, symbole – pour quelques mois et avant qu'il ne fût haï comme un tyran dont on complotait la chute – de la France révolutionnaire, vertueuse et guerrière. Bonaparte, sauveur d'une autre espèce, s'imposait par son génie que tous, adversaires compris, reconnaissaient, et par son action, pacificatrice à l'intérieur, exaltante à l'extérieur aussi longtemps que la victoire dilata la puissance de la France ; nul ne s'intéressait à sa vie privée, sauf pour se soucier de le voir assurer sa succession. Ce qui impressionna en Clemenceau, arrivé au pouvoir au bon moment mais à ses yeux bien tard, ce fut l'énergie ; on oublia son cynisme, sa mauvaise réputation, sa brutalité et ses partis pris politiques ; il était l'image de la France en lutte pour sa survie.

C'est Pétain qui poussa le plus loin l'exploitation du mythe du sauveur. Vieux soldat victorieux donnant à croire qu'il sacrifiait la paix du grand âge à la protection de la patrie martyrisée, en réalité il brûlait d'ambition depuis longtemps, prenant sur ses épaules la responsabilité du salut de la patrie pour peu que ses enfants fassent pénitence, corrigent leurs défauts, sacrifient à la nation la satisfaction de leurs désirs hédonistes ; à en croire certains témoignages, lui non plus n'avait pas la chasteté pour souci prédominant, mais peu importait ; cynisme ou aveuglement sénile, il déclara ce que personne avant lui n'avait jamais osé : « Je fais don de ma personne à la France pour soulager ses malheurs. » Une personne de quatre-vingt-quatre ans, quelle munificence ! C'était le langage du Christ, finalement une manière de blasphème. Peu à peu, la France fut dégrisée, et l'aventure de Pétain, de Montoire à Sigmaringen, prit fin à l'île d'Yeu. Mais, dans l'histoire de la nation, son destin demeure dramatique. À l'issue de son procès, François Mauriac écrivait : « Pour tous, quoi qu'il advienne, pour ses admirateurs, pour ses adversaires, il restera une figure tragique, éternellement errante, à mi-chemin de la trahison et du sacrifice. »

*
* *

Les grands acteurs de l'histoire doivent leur capacité d'entraînement à leur séduction, à leur rayonnement. Ils parlent bien, ils écrivent bien. Pour convaincre et mobiliser les volontés, l'éloquence leur est indispensable, pas l'amphigouri ni l'enflure, mais une faculté de raccourci qui résume une situation, une époque, les problèmes posés, les solutions nécessaires. Le lyrisme ne messied pas si c'est le cœur qui parle à d'autres cœurs, au service d'une pensée claire qui tire sa force de sa cohérence, de sa justesse ; sinon, ce n'est que confusion pâteuse…

Le plus souvent, ces grands acteurs passent à la postérité par quelques formules qui expriment leur personnalité et donnent son sens à leur action, expliquant la fascination irrésistible qu'ils ont exercée sur les hommes.

« Dieu sait, mon fils, que je vous aime, dit Blanche de Castille à Saint Louis, mais je préférerais vous voir mort qu'en état de péché mortel » ; c'est la royauté chrétienne du Moyen Âge français.

« Tout est perdu, fors l'honneur », écrit François Ier à Louise de Savoie, sa mère, après le désastre de Pavie. L'idéal chevaleresque est sauf, mais le cynisme reprend vite le dessus et François Ier ne tarde pas à renier la promesse faite pour sortir de la prison où Charles Quint son vainqueur le tient prisonnier à Madrid. Malgré la parole donnée, il conservera la Bourgogne, se retranchant derrière l'arrêt du Parlement rappelant l'incessibilité du domaine royal.

« Ralliez-vous à mon panache blanc ! » Henri IV rassemble la France autour de sa cause, celle de la dynastie légitime, il séduit par sa gaieté, sa bravoure, sa simplicité, la promesse d'une concorde retrouvée, une fois les étrangers chassés.

« Ramener les grands à l'obéissance, réduire les protestants, abaisser la maison d'Autriche. » En dix mots, Richelieu résume de façon saisissante toute l'ambition de la monarchie française à sa plus glorieuse époque. Le plus extraordinaire, l'ambition fut accomplie ; le cardinal lui avait fixé un cap dont elle ne dévierait pas.

À la fin de sa vie, Louis XIV aux abois, son royaume envahi, voit ses ennemis exiger de lui, pour prix de la paix qu'il sollicite, qu'il prenne les armes contre son petit-fils, Philippe V, afin de le chasser du trône d'Espagne. « Je préfère faire la guerre à mes ennemis qu'à mes enfants. » La France, à laquelle il avait toujours su parler, se ressaisit à son appel, il triomphe de l'épreuve. Et que dire de sa mort, par lui si magnifiquement mise en scène, de ses dernières paroles à son successeur, son arrière-petit-fils âgé de cinq ans, au futur Régent, à ses courtisans et aux princes de l'Église qui l'avaient fourvoyé dans leurs luttes de pouvoir : « Je m'en vais, mais l'État vivra toujours » ? Mots d'une grandeur, d'une élévation de cœur et d'esprit, d'une lucidité, d'une noblesse funèbre qui forcèrent l'admiration de ses détracteurs eux-mêmes.

« De l'audace, encore de l'audace, toujours de l'audace, et la France est sauvée. » « On n'emporte pas la patrie à la semelle de ses souliers. » Qui mieux que Danton sut exprimer la furia révolutionnaire, la formidable énergie qui allait ébranler les trônes ?

Que choisir dans les proclamations de Napoléon destinées à son armée ou à son peuple, en

Égypte, en Italie, en Bohême, en Russie, imprégnées d'un romantisme flamboyant, débordantes d'énergie ? Et comment oublier ce que doit à sa concision romaine mêlée de lyrisme le *Mémorial de Sainte-Hélène* – si contestable que soit sa manière de façonner son image pour les siècles futurs ?

« J'y suis, j'y reste ! » « Ils ne passeront pas ! » Voilà qui suffit à galvaniser des soldats, expressions simples et tranchantes de chefs qui savent, à l'usage de la troupe, parler un langage sans nuances et qui semble dépourvu d'artifices et de calculs parce que c'est celui qui leur est naturel. L'action heureuse ne s'accommode guère, du moins en apparence, de complications inutiles. Pétain le sait, qui déclare à Verdun : « Les Allemands attaqueront sans doute encore. Que chacun travaille et veille pour obtenir le même succès qu'hier. Courage, on les aura ! »

« La France a perdu une bataille, elle n'a pas perdu la guerre ! » Dieu sait que, durant les trente années de sa vie publique, de Gaulle ne fut pas avare de formules saisissantes, que lui suggéraient les événements auxquels il était confronté, mais surtout qui étaient pour lui un moyen de les maîtriser. En 1940 celle-ci, la première, fut la plus extraordinaire, car elle manifestait une intelligence des enjeux que nul autre ne savait exprimer, parce que nul autre ne la ressentait : « La France n'est pas seule. » En effet, elle ne l'était pas, ce qui rendait son espoir raisonnable. De juin 1940 de Gaulle disait : « C'est ce que nous avons fait de mieux. »

On pourrait résumer vingt siècles d'histoire de France en citant vingt phrases. Il en est peu qui saisissent ou émeuvent autant que celles prononcées par Jeanne d'Arc, au destin unique par la rapidité de l'apothéose et la cruauté de la chute.

La fin d'un destin,
la transfiguration

Rien n'égale la tragique beauté de l'attitude de Jeanne devant ses juges. L'épreuve qu'elle subit donne à son destin sa signification. Elle aurait pu être tuée dans une bataille, après Orléans et Reims, une fois sa mission accomplie, ne pas subir l'humiliation, l'injustice, la souffrance, le martyre. Tout eût été différent, son prestige à travers les siècles bien moindre.

Événement extraordinaire, non seulement parce que l'interrogatoire constitue l'un des plus grands textes de notre histoire et de notre littérature, mais aussi en raison des innombrables irrégularités qui l'entachent, de la perversité intéressée, de la méchanceté, de la veulerie manifestées par la meute de juges asservis réunie contre elle, du caractère dérisoire des motifs de la condamnation. Ce procès est une opération politique maladroitement menée, mais il y a un Dieu pour les purs : elle se retourne vite contre ses inspirateurs et ses exécutants.

Rappelons les circonstances : partie de Compiègne, Jeanne tente une opération surprise contre les postes bourguignons établis au bord de l'Oise. C'est l'échec. Elle se replie sur la ville dont le pont-levis est levé avant qu'elle ait pu y entrer.

Trahison du capitaine de la place ? On ne saura jamais. Voilà Jeanne prisonnière de Jean de Luxembourg, sire de Ligny, vassal de Philippe le Bon. Les Bourguignons laissent éclater leur joie, davantage que s'ils eussent eu un roi entre les mains ; chez les Anglais aussi c'est l'euphorie. Sa capture a un retentissement immense, ses adversaires exultent. L'Université de Paris la réclame au duc de Bourgogne qui est accouru, attiré par l'allégresse de tous ceux qui entourent Jeanne prisonnière ; elle la croit hérétique et veut la faire comparaître devant elle. L'archevêque de Reims, écrivant aux habitants de la ville, regrette publiquement la volonté de Jeanne de n'en faire « qu'à son plaisir ». Manifestement l'entourage de Charles VII ne porte pas le deuil. Après deux rencontres avec le duc de Bourgogne, Jeanne est enfermée au château de Beaurevoir où elle est l'objet de la sollicitude et de la pitié de la famille de Luxembourg.

Jean de Luxembourg ne peut que déférer au souhait de son suzerain qui veut la livrer aux Anglais : il dépend du bon vouloir du duc de Bourgogne que sa tante, la dame de Luxembourg, fasse de lui son héritier. De bien laides tractations s'engagent. Pierre Cauchon, évêque de Beauvais, s'agite, intervient auprès des uns et des autres, tandis que la cour du roi de France demeure silencieuse ; Charles VII ne bouge pas, n'offre pas de rançon, n'ouvre pas de pourparlers, ne tente aucune démarche pour la faire libérer. Finalement, Jean de Luxembourg la vend aux Anglais pour 10 0000 livres tournois. C'est une ignominie que sa femme l'a supplié à genoux de ne pas commettre ; il la commet.

Alors commencent les négociations entre les Anglais, l'Université de Paris et Cauchon pour savoir qui jugera la prisonnière et où. À Beauvais, dont Cauchon est l'évêque ? C'est impossible, la ville s'est rendue au roi de France. Le duc de Bedford décide que le procès aura lieu à Rouen où les Anglais sont établis, et sous leur étroit contrôle, que le tribunal ecclésiastique sera présidé par Cauchon, évêque de Beauvais, siégeant hors du territoire de son diocèse.

Ce procès est un procès stalinien avant la lettre ; ceux qui rendent la justice sont les serviteurs zélés des volontés de ceux qui détiennent la puissance politique.

Qui est la détenue, quel est son statut : prisonnière de l'Église ou prisonnière de guerre ? Devant qui comparaît-elle : la justice civile ou la justice religieuse ? Nul ne le sait, tout n'est que faux-semblant. En fait, elle est à Rouen, prisonnière de ses ennemis, les Anglais, loin de Beauvais dont l'évêque, aux ordres de l'occupant, préside hors de son diocèse un tribunal ecclésiastique dont le bras séculier est laïc. C'est un trucage contre lequel elle ne cesse de protester. Elle réclame d'être traitée comme une prisonnière de l'Église et gardée par des femmes. Elle ne l'obtiendra pas.

C'est une jeune fille totalement seule, sans conseil, sans assistance, sans avocat, face à des dizaines de clercs et d'hommes de loi attachés à la perdre, recluse dans des conditions d'affreuse cruauté, enchaînée nuit et jour sous la surveillance de trois soldats anglais présents en permanence dans sa cellule, torturée moralement ; elle résiste et se bat.

Il fallait que ce procès eût lieu ; pour les Anglais, pour leurs partisans français, il était

172

indispensable de démontrer que Jeanne était démoniaque, schismatique. C'est le seul sens de cette mise en scène, un sens politique, exclusivement politique. Tout le reste n'est qu'artifice. Sans se lasser, Jeanne le dit et le redit : elle refuse d'admettre qu'elle se trouve en présence de juges auxquels elle devrait des comptes. Jour après jour, la confrontation se répète, elle est dramatique, elle tourne sans cesse autour des mêmes questions ; finalement se pose toujours la même : ce tribunal d'Église est-il légitimement saisi ? On voudrait tout citer :

« Nous vous requérons de prêter serment. – Il me semble que c'est assez d'avoir juré deux fois en justice. – Voulez-vous jurer, simplement et absolument ? – Vous vous en pouvez bien passer : j'ai assez juré de deux fois. Tout le clergé de Rouen ou de Paris ne saurait me condamner sans droit. »

Plus tard : « Vous vous rendez suspecte en ne voulant jurer de dire la vérité. – Il ne faut plus m'en parler. – Nous vous requérons et admonestons de jurer sous peine d'être convaincue de ce dont on vous accuse. – Passez outre. »

Après des jours et des jours de menaces et de pressions, elle ne cède pas :

« Puisque vous avez dit que nous, évêques, nous nous mettions en danger de vous mettre en cause, vous demandons ce que cela veut dire, et en quel danger nous nous mettons, nous, évêques, et les autres ? – J'ai dit à Monseigneur de Beauvais : Vous dites que vous êtes mon juge, je ne sais si vous l'êtes ; mais avisez-vous bien que vous ne me jugiez mal, que vous vous mettriez en danger. Et je vous en avertis, afin que, si Notre-Seigneur vous en châtie, j'aie fait mon devoir de vous le dire. »

Que d'échanges où la violence de l'affrontement éclate !

« Nous requérons et admonestons Jeanne de répondre la vérité sur les nombreux et divers points contenus en son procès qu'elle a niés ou sur lesquels elle a répondu mensongèrement, alors que nous avions sur eux informations certaines, preuves et présomptions véhémentes. Si vous n'avouez pas la vérité à ce sujet, vous serez mise à la torture. – Vraiment, si vous me deviez écarteler les membres et faire partir l'âme hors du corps, je ne vous dirais autre chose. Et si aucune chose je vous en disais, après je dirais toujours que vous me l'auriez fait dire par force. »

« Croyez-vous que vous ne soyez point tenue de soumettre vos dits et faits à l'Église militante ou à autres qu'à Dieu ? – La manière que j'ai toujours dite et tenue au procès, je la veux maintenir quant à cela. Si j'étais en jugement, et je voyais le feu allumé et bourrées allumées, et le bourreau près de bouter le feu, et si j'étais dedans le feu, pourtant je n'en dirais autre chose et soutiendrais ce que j'ai dit au procès jusques à la mort. »

« Vos voix vous ont-elles dit qu'avant trois mois vous seriez délivrée de prison ? – Ce n'est pas de votre procès. Toutefois, je ne sais quand je serai délivrée. Ceux qui me veulent ôter de ce monde pourront bien s'en aller avant moi. »

Cauchon tente de l'intimider. Intrépide et courageuse, elle ne capitule pas :

« Nous, évêques, interdisons à Jeanne de sortir des prisons à elle assignées, dans le château de Rouen, sans notre congé, sous peine d'être convaincue du crime d'hérésie. – Je n'accepte point cette défense. Si je m'échappais, nul ne pourrait me reprendre pour avoir faussé ou violé ma foi, puisque je n'ai baillé ma foi à personne. De plus, j'ai à me plaindre d'être détenue avec chaînes et entraves de fer. – Ailleurs et par plusieurs fois, vous avez tenté de vous échapper des prisons. C'est à cette fin qu'on vous gardât plus sûrement et plus fidèlement que l'ordre a été donné de vous entraver de chaînes de fer. – C'est vrai qu'ailleurs j'ai voulu, et je voudrais encore m'échapper, comme il est licite à quiconque est incarcéré ou prisonnier. »

À peine enfermée dans le cachot de la tour de Rouen, elle a déclaré : « Je sais bien que ces Anglais me feront mourir. » Cependant elle se battra pied à pied pendant des mois, enchaînée, surveillée, injuriée. Au cours des interrogatoires, jamais on ne cherchera à sortir de l'alternative et d'y voir clair : était-elle une prisonnière de guerre ou une prisonnière de l'Église ? Sur le plan de la guerre, il n'y avait rien à lui reprocher, il fallait donc établir qu'elle avait violé les lois ecclésiastiques. On voulait démontrer son insoumission à l'Église, ce qui justifiait un tribunal religieux ; mais celui-ci était aux ordres de l'occupant, ce qui jetait le discrédit sur lui et en faisait une juridiction politique.

Exercice difficile, car l'examen de virginité avait tourné à l'avantage de l'accusée comme l'enquête dans son village. Les juges étaient dans l'incapacité de formuler un quelconque chef d'accusation ; Jeanne serait condamnée non pas sur des preuves, mais sur les interrogatoires de

Rouen qui auraient montré chez elle un état d'esprit rebelle à l'autorité de l'Église, donc criminel. Nul ne savait, à commencer par elle, quelles charges précises étaient retenues contre elle ; ses juges cherchaient, sans trouver ; quant à des avocats, elle n'en avait pas.

De l'injustice du procès et de la procédure Jeanne était bien consciente : « Je ne sais sur quoi vous voulez m'interroger. » D'emblée, elle se situe sur le plan religieux, spirituel, se référant à ses « voix », à leur message, de temps à autre refusant d'en dire plus : « Votre voix vous a-t-elle révélé que vous vous évaderiez de prison ? – Ai-je à vous le dire ? »

De guerre lasse surgit une question de prime abord secondaire : Jeanne avait-elle ou non le droit de porter un habit d'homme ? S'il ne s'agissait de son martyre, cela prêterait à sourire. Elle n'a été condamnée sur aucun fait, sur aucun acte, mais uniquement sur ses propres paroles, finalement sur sa volonté de ne pas renoncer à porter un habit masculin, ce qui est devenu le symbole même de son insubordination à l'Église, c'est-à-dire de son hérésie.

Mais, une fois de plus, il n'est pas facile de la faire trébucher. Sans relâche, ses juges y reviennent, cherchant à la perdre dans des subtilités intellectuelles sur le rôle de Dieu, de l'Église ; elle ne s'y laisse pas prendre : « S'il arrive que vous avez fait quelque chose qui soit contre la foi, voulez-vous vous en rapporter à la détermination de notre Sainte Mère l'Église, à laquelle vous devez vous en rapporter ? – Que mes réponses soient vues et examinées par des clercs et qu'on me dise ensuite s'il y a là quelque chose qui soit contre la foi chrétienne... S'il y a quelque chose de mal contre la foi chrétienne que Dieu ordonne, je ne voudrais pas le soutenir et je serais bien irritée de venir au contraire. »

Dieu, l'Église, l'Église militante, l'Église triomphante : elle ne cherche pas à s'y retrouver, elle n'accorde aucune importance à ces distinctions. Ce fut bien là son crime, le seul qu'on pût retenir contre elle.

Michelet a mis en lumière les contradictions de l'accusation : faire passer pour sorcière, pour suppôt du diable « cette chaste et sainte fille », mieux valait y renoncer ; mais cette sainteté même était aux yeux des juges condamnable, car elle signifiait que Jeanne préférait la voix de Dieu transmise par ses saints aux enseignements de l'Église, aux prescriptions de l'autorité ; qu'elle entendait se soumettre uniquement à la révélation faite par son Dieu intérieur. Comment des hommes d'Église l'eussent-ils admis ? C'était un affrontement entre l'Église visible et invisible. Ils avaient enfin trouvé leur terrain. D'autant que les Anglais s'impatientaient.

Finalement les prêtres eurent raison d'elle. Au cimetière de Saint-Ouen on lui tendit une lettre d'abjuration en la pressant de la signer. Guillaume Hérard l'apostropha : « Tu n'auras pas plus long délai et si tu ne signes pas cette cédule tu seras immédiatement brûlée. – J'aime mieux signer qu'être brûlée. »

Elle s'engageait à ne plus porter ni arme, ni habit d'homme, ni le cheveu rasé. Texte qui serait décisif car, pour la condamner, les juges se fondèrent sur le fait qu'elle avait violé son engagement. Elle l'avait signé parce qu'on lui avait promis qu'aussitôt elle sortirait de la prison des Anglais et qu'elle serait enfermée dans une prison de l'Église et gardée par des femmes.

On ne tint pas parole, elle fut ramenée à la tour, dans son cachot, et gardée par des hommes. Le piège se refermait sur elle. Le port de l'habit d'homme était le signe même d'une insoumission à l'Église ; elle avait promis d'y renoncer, mais dès lors qu'elle était reconduite dans la prison anglaise et qu'elle se trouvait à nouveau exposée aux sévices de ses gardiens, elle ne pourrait que reprendre l'habit qui la protégeait. Alors elle serait relapse, situation de ceux qui revenaient à leurs erreurs après les avoir abjurées, et condamnée à mort par le tribunal d'Inquisition – tribunal d'Église – devant lequel elle comparaîtrait avant d'être livrée au bras séculier.

Dès le lendemain, le dimanche 27 mai, Cauchon apprit que Jeanne avait remis l'habit d'homme parce que la nuit précédente un « milord anglais » avait tenté de la prendre de force : « Je l'ai repris parce que ce qui m'avait été promis n'a pas été observé, à savoir que j'irais à la messe et recevrais le corps du Christ et serais mise hors des fers. »

Un peu plus tard, elle ajouta : « J'aimerais mieux mourir que de rester aux fers, mais s'il m'est permis d'aller à la messe et qu'on me mette hors des fers, et que je sois mise en prison gracieuse et que je puisse avoir femme pour me garder, je serai bonne et ferai ce que l'Église voudra. »

« Depuis ce jour de jeudi, avez-vous entendu les voix des saintes Catherine et Marguerite ? demande Cauchon.

– Oui.

– Que vous ont-elles dit ?

– Dieu m'a mandé par saintes Catherine et Marguerite grande pitié de cette forte trahison à laquelle j'ai consenti en faisant abjuration et révocation pour sauver ma vie, et que je me damnais pour sauver ma vie. »

Au sortir de l'entrevue dramatique entre Jeanne et Cauchon, celui-ci s'adressa aux Anglais : « *Farewell !* Faites bonne chère, c'est fait » ; le piège était refermé. C'est Cauchon seul qui, contre l'avis des assesseurs qui n'avaient que voix consultative, décida : « Ce procès n'a que trop duré. » En toute hâte, il prononça la peine de mort.

Peu à peu, les juges avaient eu raison de Jeanne, de sa droiture et de sa pureté, et l'avaient amenée là où ils avaient décidé qu'elle devait aller, le supplice, puisqu'elle avait rétracté sa rétractation et, ce faisant, désobéi à l'Église.

*
* *

Si brave à la guerre, si intrépide face à ses juges, si courageuse au cours de son supplice, Jeanne a tout de même un instant faibli. Elle a douté, elle a eu peur, elle a pleuré. L'émotion nous étreint, sa plainte nous bouleverse, elle est une preuve d'humanité, comme celle du Christ sur la croix, appelant son père : « Pourquoi m'avez-vous abandonné ? »

Jeanne est une femme exceptionnelle par son intelligence et sa hardiesse, elle est courageuse, mais elle a trop souffert, elle a peur. Elle connaît des moments de fragilité, de découragement, cependant elle les surmonte vite. La nature parle en elle, mais aussitôt elle la domine.

Elle a donc faibli, mais dès le lendemain, à peine la nuit passée, elle s'est rétractée. Aussitôt, déclarée relapse, elle est condamnée, on lui annonce la mort pour le jour même. Elle crie, elle s'arrache les cheveux : « Hélas ! Me traite-t-on horriblement et cruellement qu'il faille que mon corps, net en entier, qui ne fut jamais corrompu, soit aujourd'hui consumé et rendu en cendres ! Ah ! J'aimerais mieux être décapitée sept fois que d'être ainsi brûlée… J'en appelle à Dieu le grand juge des torts qu'on me fait ! »

Quelques heures après, elle se résigne. Elle reçoit la communion, recouvre ses forces. S'adressant à Cauchon : « Évêque, je meurs par vous. Si vous m'eussiez mise aux prisons d'Église et donné des gardiens ecclésiastiques, ceci ne fût pas advenu… C'est pourquoi j'en appelle de vous devant Dieu ! »

Elle oscille entre le désespoir et le courage : « Ah ! Maître Pierre, dit-elle au prêtre qui l'assiste, où serai-je ce soir ? – N'avez-vous pas bonne espérance au Seigneur ? – Oh oui ! Dieu aidant, je serai en paradis. »

Son courage bouleverse autant que son désespoir et sa plainte. On pense au Christ, aux doutes auxquels il s'abandonne avant le calvaire, à sa lamentation au jardin des Oliviers avant la trahison révélée de Judas.

Sa défaillance a été brève, son abjuration, sa renonciation à porter un habit d'homme s'expliquent par l'horreur du supplice. En une nuit, elle s'est ressaisie. Tout au long de l'effroyable cérémonie du bûcher, elle impressionne tellement, se mettant à genoux, invoquant Dieu, la Vierge et les saints, demandant pardon à tous, implorant les assistants de prier pour elle et les prêtres de dire chacun une messe pour son âme, que personne – juges, soldats, bourreaux, Anglais, Français, peuple assemblé – ne peut retenir ses larmes.

Elle se résigne, elle s'en remet à Dieu, elle demande une croix qu'elle baise. Elle n'accuse personne, ni le roi de l'avoir abandonnée, ni ses saints de l'avoir trompée. Mais déjà elle plaint Rouen : « Ah Rouen, Rouen, j'ai grand-peur que tu n'aies à souffrir de ma mort ! »

Tandis qu'on la lie au sommet du bûcher, elle continue à louer Dieu et les saints, et à appeler Jésus. « Oui, mes voix étaient de Dieu, mes voix ne m'ont pas trompée ! » La mort la délivre des douleurs et de l'humiliation de la prison, et donne tout son sens à sa vie si brève.

Frère Isambart de La Pierre atteste que, étant dans les flammes, elle ne cessa jusqu'à la fin « de clamer et confesser à haute voix le saint nom de Jésus en implorant et en invoquant l'aide des saints et saintes du paradis et, au dernier moment, en rendant l'âme, elle proféra le nom de Jésus ».

Mort sublime, qui émeut tous ceux qui y assistent mais laisse indifférents les cyniques qu'elle a secourus et qui, eux, se gardent d'aller à son secours. Dans l'âme populaire, le martyre de Jeanne, sa mort si bouleversante de grandeur et de courage lui confèrent aussitôt la réputation de sainte.

*

* *

Dans notre histoire, déchirée par tant de désordres intérieurs – guerres civiles, violences, conflits de convictions et d'intérêts –, que de procès politiques au cours desquels de grands principes s'affrontèrent : le patriotisme, la liberté, la fidélité au monarque ou à l'État, le respect des consciences, l'abnégation, le courage ! Mais aucun n'a eu la grandeur ni la signification de celui de Jeanne, aucun n'a laissé une trace aussi profonde dans la conscience nationale.

Certains ont posé de grandes questions : Fouquet, objet de la vindicte royale, celle du respect du droit et de l'impartialité de la justice ; Calas, victime de l'intolérance religieuse, celle de la régularité de la procédure et de la liberté de conscience ; Dreyfus, officier républicain victime d'un racisme acharné, d'une conjuration montée de toutes pièces, celle des droits de l'homme et de la vérité face aux intérêts de l'institution militaire. Aucun de ces procès ne comporte de grands moments qui émeuvent, de répliques mettant à nu les principes en jeu. Les accusés argumentent, se défendent, mais souvent ils semblent ne pas avoir conscience de ce qu'ils symbolisent aux yeux de la conscience universelle.

Comparaissant devant la Convention, Louis XVI est singulièrement dépourvu de prestige : sa majesté n'avait tenu qu'à sa fonction royale et non à sa personne. Il discute longuement, ergote, se réfugie dans l'à-peu-près, dans le mensonge, parle d'un ton emprunté ; à la fin, il suscite chez ses juges un dédain auquel ne se mêle guère de considération, ce qui ne les empêchera pas de le condamner à mort puisque c'est le principe monarchique même qu'ils veulent détruire. Dans sa prison, à la veille de son exécution, il rédige cependant un testament qui émeut, où la foi religieuse, la modestie, le scrupule moral, la délicatesse conjugale impressionnent. C'est sans témoin, seul, qu'il était véritablement lui-même, lorsqu'il ne pensait plus qu'à la mort qui l'attendait.

Devant le tribunal révolutionnaire, Marie-Antoinette, malade et maltraitée, eut une tout autre allure. Accusée de pratiques ignobles sur la personne du dauphin, son fils, elle se révolte : « J'en appelle à toutes les mères ! » Conduite au supplice, non pas dans un carrosse entouré de gardes comme le roi naguère lorsqu'il s'agissait de fonder la République par le sacrifice rituel du monarque devant une foule silencieuse, mais assise sur le banc d'une charrette, les cheveux coupés, les mains liées dans le dos par une corde, comme tenue en laisse par un garde, elle conserve un sang-froid et une dignité qui résistent aux insultes. Lorsqu'elle monte à l'échafaud, elle marche sur le pied du bourreau. « Excusez-moi, monsieur, je ne l'ai pas fait exprès », dit-elle.

Le duc d'Enghien, enlevé en territoire étranger, interrogé quelques heures et aussitôt fusillé, s'exprima avec noblesse, avec dignité ; s'il écrivit au Premier consul pour demander à le voir, ce n'était pas qu'il quémandât une grâce, mais pour s'expliquer ; nulle bassesse, beaucoup de courage, voire de hauteur.

À l'inverse Bazaine, l'un des responsables de l'effondrement militaire de 1870, pitoyable fonctionnaire sans envergure tentant de justifier son incompétence, son absence d'initiative et pour finir sa capitulation à Metz, ne trouva qu'à répondre : « Que faire d'autre ? Il ne restait plus rien. – Il restait la France », réplique le président du tribunal qui le condamne.

Pétain, après avoir lu devant la cour de justice une déclaration rédigée par ses avocats, demeure durant des semaines quasi silencieux, muré dans son infortune et sa vieillesse dont il sait si bien jouer, comme absent, façon de dénier toute compétence au tribunal devant lequel, rentré en France de son plein gré, il comparaît. Qu'aurait-il pu dire, qu'était-il en état de dire ? Le silence n'était-il pas la seule attitude possible ? Il servit l'accusé mieux que bien des arguties incapables de convaincre, il donna un caractère émouvant au drame du grand âge. Au regard, à quoi bon la prolixité polémique de Laval, aussi astucieuse et courageuse qu'elle ait été ? Avant même que ses juges ne l'entendissent, la sentence n'était-elle pas rendue ? Et comment en eût-il été autrement ?

On se prend à rêver : si en 1940 le gouvernement de Vichy, qui l'avait condamné à mort par coutumace, s'était emparé de De Gaulle et l'avait fait juger pour désobéissance et rébellion, quels accents n'aurait-il pas eus, quelle hauteur de l'âme et de l'esprit n'aurait-il pas manifestée !

Vient un moment où, plongé dans le malheur, chacun se découvre dans sa vérité, dans sa lumière.

*
* *

Jeanne est incomparable, aucun destin ne suscite autant d'émotion que le sien. Elle nous touche parce qu'elle a connu le désespoir et qu'elle l'a dominé. L'a-t-elle surmonté vraiment ou a-t-elle décidé d'offrir dans ses derniers instants l'image de ce qu'elle a voulu être, fidèle à sa foi, à son dieu et à son roi, intraitable ?

Nul n'est indifférent aux épreuves ; quand elles surviennent, l'abattement est d'autant plus profond que le succès qui parfois les a précédées avait été triomphal, qu'on l'avait cru durable. Combien ont pareillement connu le découragement et l'ont dominé ! L'entrevue de Péronne avec Charles le Téméraire, l'emprisonnement, l'humiliation subie, quel choc pour Louis XI qui tarde à s'en remettre, mais qui, en quelques années, à force d'astuce et d'intelligence, abat son adversaire ! François Ier captif à Madrid après le désastre de Pavie, malade, près de mourir, obligé de signer avec Charles Quint une paix humiliante qui lui cède la Bourgogne, d'accepter que ses deux jeunes fils viennent prendre sa place en prison afin que lui-même libéré puisse regagner son royaume, mais qui, sitôt de retour, rassemble si bien ses sujets autour de lui qu'ils l'empêchent de tenir des engagements qu'il avait bien l'intention de ne pas respecter ! Le glorieux Louis XIV aux abois, l'Europe entière coalisée contre lui, son royaume envahi, sa descendance décimée, qui se confie au maréchal de Villars, avant la bataille de Denain : si elle est perdue, il se mettra, à soixante-dix ans passés, à la tête de ses dernières troupes pour y trouver la mort. Mais l'angoisse et le chagrin le laissent impénétrable, « effrayant de majesté ».

Napoléon en 1814 : la campagne de France, celle où il mena les plus beaux de ses combats, est perdue ; les maréchaux l'ont abandonné à Fontainebleau pour rallier les Bourbon revenus derrière les alliés. Ce formidable optimiste, dont jamais la volonté n'a faibli, même pendant la retraite de Russie, s'effondre, tente de se donner la mort, n'est sauvé qu'à la dernière extrémité. Il se reprend, accepte sa défaite, son abdication, l'éloignement de sa femme, de son fils, l'exil à l'île d'Elbe ; il s'est ressaisi, bientôt son caractère reprendra le dessus et ce seront les Cent Jours. Un an plus tard, le pire l'attend à Sainte-Hélène, pour six longues années.

Clemenceau, jeté à terre par le scandale de Panama, mit longtemps à s'en relever. Jamais il ne désespéra de lui-même, soutenu par son tempérament âpre, violent, par son orgueil aussi : peu amateur d'examen de conscience, il ne doutait jamais de lui-même. À ses yeux, l'apothéose de 1918, dont il fut le héros parce qu'il s'était imposé à la tête du gouvernement au bon moment, dans la dernière année de la guerre, constituait le tribut qui lui était dû. Pour autant, il ne pardonnait rien à ses adversaires politiques, usant de sa toute-puissance pour tenter de les abattre.

Qui fut plus courageux que de Gaulle, dans la guerre comme dans la paix ? Quelle audace fallait-il pour rompre avec son milieu et avec la tradition, entrer en dissidence, affronter les chefs les plus glorieux de l'armée française écrasée ! Lui aussi connut le découragement. Abattu par son échec devant Dakar dont il ne parvint pas à s'emparer en septembre 1940, il fut, a-t-on dit, tenté de mettre fin à ses jours. Le fut-il vraiment ? Il n'en a jamais parlé, pas plus qu'il n'a été explicite sur les raisons qui, le 29 mai 1968, alors qu'à Paris la révolte avait presque balayé le régime fondé dix ans plus tôt et dont il était si fier, l'incitèrent à rejoindre secrètement l'armée française stationnée en Allemagne, à Baden. En quelques heures il se ressaisit. De quel gouffre intérieur émergea-t-il ?

L'abattement d'un moment fait vaciller les héros, il témoigne de leur humanité. Aucun d'eux ne s'est pourtant trouvé dans une situation aussi dramatique que Jeanne, si jeune, si seule, menacée dans sa vie même, sans aucun appui ni conseil, victime d'une conjuration, celle de la bassesse, de la veulerie et de la cruauté. Après avoir faibli, en quelques heures elle s'est redressée, faisant face à son destin. Là aussi elle est unique. Personne n'atteint à sa dramatique grandeur.

*
* *

« Nous sommes perdus, nous avons brûlé une sainte. » La rumeur court parmi les Anglais, tandis que se consume le brasier dans lequel le corps de Jeanne tressaille encore. Dans les cendres, on ne retrouve que son cœur : il n'a pas brûlé ; il sera jeté dans la Seine.

Jeanne d'Arc trahie : elle le fut par le roi, par les grands, par les Bourguignons, par l'Église. Tous étaient résolus à mettre fin à la parenthèse qu'elle avait constituée, afin de reprendre leurs jeux aux rites si bien organisés quant à leurs fins, cependant si incertains et variables dans leurs résultats. Charles VII l'abandonne. Si l'ingratitude est la marque des rois, celui-là l'était vraiment devenu depuis Reims où Jeanne l'avait fait sacrer... Ingratitude, lâcheté, intérêt personnel et politique prévalant sur toute autre considération, y compris aux dépens de l'idéal chevaleresque qui aurait dû conduire à protéger une femme jeune et innocente, tout se conjugue pour aboutir à un dénouement dramatique.

*

* *

Les années passent. Charles VII s'est réveillé, ses armées se sont remises en marche. Les Anglais sont défaits, Rouen est reconquise. Alors, en 1450, vient le temps d'un nouveau procès, qui constate la nullité du précédent. Cette fois, il se déroule selon les règles, des enquêteurs sont envoyés à Domrémy, à Orléans, à Poitiers, dans toutes les villes où Jeanne est passée, où elle a séjourné, y compris à Rouen où elle a souffert et où elle a subi son supplice. L'enquête confiée par le roi à Guillaume Bouillé ne laisse aucun point dans l'ombre, elle passe en revue tous les reproches adressés à Jeanne, les rejette, fait au contraire l'éloge des qualités de charité, de foi, de force dont elle a fait preuve, montre que l'accusation d'insoumission à l'Église n'était pas fondée. La procédure de nullité de la condamnation fait un progrès décisif lorsque le légat du pape, le cardinal d'Estouteville, en est chargé. Pour que les choses soient claires, il est nommé archevêque de Rouen et installé en 1454.

C'est à la fin de 1455 qu'à Notre-Dame de Paris témoignent la mère de Jeanne et tous ceux, venus d'Orléans, de Domrémy, de Rouen, qui écoutent, dans une atmosphère d'extraordinaire émotion, la véritable histoire de Jeanne. Le tribunal se transporte ensuite de Paris à Rouen, puis au pays de Jeanne, enfin à Orléans.

Le 7 juillet 1456, à Rouen, dans le palais de l'archevêque, la nullité du procès est proclamée et toutes les accusations réfutées les unes après les autres. Depuis longtemps déjà Jeanne, héroïne malheureuse, est devenue une sainte populaire.

L'opinion publique est une courtisane : les favoris du succès sont adulés lorsqu'ils se trouvent au pinacle, que tout leur sourit ; quand le sort leur devient contraire, les voilà trahis, calomniés, persécutés. Puis vient l'heure de la vérité : nouveau retournement en leur faveur, le remords

194

collectif fait son œuvre, leur destin n'en est que plus pathétique, leur image plus radieuse, ils sont non seulement réhabilités mais sanctifiés.

Michelet écrit : « Jamais les Juifs ne furent si animés contre Jésus que les Anglais contre la Pucelle. Elle les avait, il faut le dire, cruellement blessés à l'endroit le plus sensible, dans l'estime naïve et profonde qu'ils ont d'eux-mêmes... Voilà ce qui était dur à penser, voilà ce que ces taciturnes Anglais ruminaient en eux-mêmes... Une fille leur avait fait peur et il n'était pas bien sûr qu'elle ne leur fît encore peur tout enchaînée qu'elle était. » Il fallait qu'elle meure !

Souvent on a décelé des analogies entre la vie et la passion de Jeanne et celles du Christ, quatorze siècles auparavant. Ce qu'il y a d'exceptionnel en elle, c'est qu'elle conjugue les vertus privées – pureté, bonté, foi, douceur – et les vertus publiques – courage, clairvoyance, énergie. Elle est à la fois intelligente et innocente, intrépide et sensible. Quel saint fut aussi exemplaire, admiré, lequel bouleverse le cœur autant qu'elle ?

L'ingratitude subie ou simplement l'infortune ajoute au prestige. Jeanne fait partie de ces héros malheureux dont le souvenir nourrit, à tort ou à raison, des regrets nostalgiques. Vercingétorix est étranglé dans sa prison de Rome sur l'ordre de César, longtemps après sa reddition ; Saint Louis est prisonnier des Sarrasins en Égypte puis meurt de la peste à Tunis lors de la neuvième croisade ; Napoléon, déporté à Sainte-Hélène, y attend la mort six longues années ; Pétain, emprisonné à l'île d'Yeu, est réduit par le grand âge à l'absence de soi-même ; de Gaulle, solitaire en Irlande après que les Français lui eurent signifié qu'ils étaient fatigués de son pouvoir... Toujours le destin frappe celui qui, un temps, a incarné l'espoir avant de se fourvoyer, d'être vaincu par l'adversité ou de lasser. Comme si l'ingratitude ou l'infortune du sort étaient indispensables pour susciter pitié et vénération envers celui qui, à juste titre ou non, semblait envoyé par la Providence.

Les sauveurs sont appelés au sacrifice ; c'est ce que le peuple attend d'eux pour que leur image soit parfaite.

*
* *

On a tant écrit sur Jeanne, à toutes les époques et dans tous les pays, qu'il est bien difficile de faire l'histoire de sa renommée. En elle se rencontrent le sentiment national naissant et le loyalisme monarchique. Il est vrai qu'elle mourut condamnée par un tribunal ecclésiastique français, tant était grande contre elle la haine de ses ennemis dont les égoïsmes et les intérêts étaient menacés par ses succès. Mais grâce à son martyre, son vœu fut exaucé : elle réalisa l'unité, elle incarna l'espérance victorieuse. Jamais la France n'a eu à ce point le sentiment que son destin était lié à celui de ses rois.

Le succès posthume de Jeanne, acquis une vingtaine d'années après son martyre, c'est la réconciliation entre les Français et la paix avec les Anglais : chaque peuple devait, maître de son sort, rester chez lui.

Destin contradictoire : de son vivant, Jeanne avait été un objet d'amour et de dévotion qui inspirait le respect, la crainte, l'adulation, mais aussi un facteur de division entre Français et Anglais, entre Français et Bourguignons, entre les Français eux-mêmes. Ses adversaires se montrèrent implacables dans leur vindicte, jusqu'à ce qu'ils l'aient brûlée. Aussitôt morte, elle devint une référence, un ciment de la cohésion nationale.

La vierge guerrière est honorée ; dès le XVe siècle, elle fait l'objet de cultes locaux à

Bourges, comme à Orléans ; Christine de Pisan célèbre « la fillette de seize ans » qui incarne les plus hautes vertus féminines ; François Villon évoque « Jehanne la bonne Lorraine ». Mais sa figure mythique s'éloigne peu à peu. Alors qu'elle a consacré la patrie française dans ses combats, ses victoires, son martyre, les rois ne lui témoignent pas de gratitude, pas plus Charles VII que ses successeurs. Bientôt on ne parle plus guère d'elle ; durant trois siècles, la monarchie se montrera oublieuse de celle à laquelle elle a dû sa résurrection : décidément, l'ingratitude est une habitude royale.

Le siècle des Lumières, comme en d'autres domaines, se montra singulièrement peu éclairé dans sa dérision et son hostilité envers « la sainte française par excellence » : qu'on se rappelle l'incompréhension de Montesquieu pour qui elle n'était guère qu'une illuminée, et son histoire une fourberie ; la moquerie grossière de Voltaire, égaré par son combat contre l'Église et plaisantant avec vulgarité sur sa pureté ; les Encyclopédistes, qui, dans leur conformisme bourgeois, la croyaient manœuvrée par de plus puissants et de plus intelligents qu'elle en raison de sa condition et de son ignorance.

Il fallut attendre le XIXe siècle pour qu'à nouveau se forge autour de Jeanne un sentiment d'unanimité, à sens multiples d'ailleurs, puisqu'elle devint la sainte de la défense nationale, à la fois de droite et de gauche. La révolution et le romantisme la mirent à l'honneur ; y eut-il jamais personnage à la fois plus révolutionnaire et plus romantique ? On lui fit sa vraie place dans l'histoire, celle d'une héroïne de chanson de geste, mais qui aurait existé. Napoléon comme Louis XVIII y concoururent, mais c'est à Michelet, le chantre de la Révolution célébrant la libération d'Orléans, que l'on doit de l'avoir le mieux exaltée. Il voit en elle le symbole du patriotisme, des droits de la conscience et l'image même de la passion, à l'imitation de Jésus-Christ. C'est au XIXe siècle que l'histoire de Jeanne est le plus féconde, érudite et détaillée, que son procès est analysé. Dès 1869, Mgr Dupanloup, évêque d'Orléans, demande sa canonisation. Les années qui séparent la défaite de 1870 et la victoire de 1918 sont la grande période du culte de Jeanne : elle est à tous, catholiques, monarchistes, républicains, laïcs, socialistes, elle est une héroïne autour de laquelle tous se rassemblent, tel Brasillach voyant en elle non seulement un « chef-d'œuvre de surnaturel et de bon sens, chef-d'œuvre de sainteté casquée, chef-d'œuvre de la poésie et de la langue », mais aussi « le plus étonnant génie de l'humanité » !

Les catholiques vénèrent la sainte que Péguy appelait la plus grande de France et du monde, celle qui, avec François d'Assise, réalisait la plus fidèle imitation de Jésus-Christ. Les protestants font leur son constant recours à l'Église invisible et sa devise : « Dieu premier servi ». Les royalistes aiment Jeanne affirmant la légitimité du prince sacré à Reims, Chateaubriand son esprit chevaleresque, Michelet son bon sens, Jaurès, après les jacobins, son patriotisme, les laïcs voient en elle le triomphe de l'individualisme contre l'autorité ecclésiastique. Pour Léon Bloy, sa venue au monde est « le plus haut miracle depuis l'Incarnation ». Pour Barrès, agnostique, nationaliste, « Jeanne n'appartient à aucun parti, elle les domine tous, c'est là son véritable miracle » ; il obtient du Parlement la célébration d'une fête nationale en son honneur. Rome à son tour ne peut que consacrer Jeanne devenue le symbole de la patrie en danger alors que la réconciliation entre la République et le Vatican est engagée ; elle est canonisée par Benoît XV et proclamée patronne de la France.

Plus près de nous, de façon toujours aussi para-
doxale, le régime de Vichy ne craignit pas de
choisir comme caution Jeanne, la patriote, celle
qui avait refusé de s'abaisser devant l'envahisseur ; rarement vit-on à l'œuvre entreprise aussi
cynique, tromperie aussi immorale. Après la
Libération, son culte s'estompa peu à peu ; il n'y
a plus guère aujourd'hui que l'extrême droite
pour la célébrer à grand éclat, utilisant son image
à des fins politiques ; c'est le dernier avatar de
Jeanne, devenue symbole du nationalisme crispé.
Aujourd'hui la tradition républicaine et laïque,
comme la catholique, sont moins enclines à hono-
rer Jeanne. Cependant, elle a encore des admirateurs et des dévots.

Comment se retrouver dans toutes les postéri-
tés de Jeanne, chrétienne pieuse envoyée par le
Ciel pour sauver la monarchie légitime, fille du
peuple victime des prêtres et des autorités en
place, et qui, quasi seule contre tous, changea le
cours des événements ?

Nul, dans l'histoire de la France et sans doute
dans celle du monde, n'eut un pareil destin
posthume, aucun roi capétien, y compris Saint
Louis et Henri IV, aucun révolutionnaire, ni
même Napoléon. Nul n'a rassemblé comme elle

ceux qui croyaient au ciel et ceux qui n'y croyaient pas, les patriotes attachés à la légitimité royale et les fidèles de la République, les fils soumis de l'Église qui l'avait condamnée et ceux de l'Évangile qui nient les institutions officielles. Nul n'a réuni pendant aussi longtemps la droite et la gauche, les partisans de la tradition comme ceux du renouveau, ceux de l'ordre comme ceux de la liberté. Selon Régine Pernoud, la plus grande originalité de Jeanne d'Arc est de ressembler aux prophètes de l'Ancien Testament qui portaient une parole ne leur appartenant pas ; personne ne fut plus honnête et scrupuleux en transmettant le message de ses voix, plus désireux d'être un instrument fidèle de l'Esprit saint.

Les puissants feignaient de la mépriser. En réalité, ils la redoutaient, car elle portait le témoignage de ce qu'il y a d'irréductiblement rebelle dans une foi religieuse qui ne s'embarrasse pas des pouvoirs établis. De tous ces commentaires, de tous ces cultes dont elle est l'objet, qui s'entrecroisent et parfois se contredisent, l'image de Jeanne sort finalement épurée. C'est une sainte nationale, mais, plus encore, elle est un symbole, un archétype : si Roosevelt reprochait à de Gaulle de se prendre pour Jeanne d'Arc, au même moment les Américains en guerre contre le Japon voyaient dans l'épouse de Tchang Kaï-chek « une Jeanne d'Arc chinoise » ! Victime innocente de la peur et de la haine, Jeanne d'Arc est devenue un modèle mondial de pureté, de courage, de bonté, de patriotisme.

Long travail de la légende et de la tradition : il simplifie, il dépouille de l'accessoire, ne laisse des héros qu'une image, sans doute déformée, mais qui est l'essentiel de ce qu'on retient d'eux. Que reste-t-il d'Henri IV sinon le souvenir d'un roi bon et tolérant qui aime son peuple ? De Richelieu, celui de l'implacable constructeur et serviteur de l'État ? De Louis XIV, celui d'une âme forte surmontant les épreuves de la vieillesse et assurant pour longtemps le prestige de la monarchie française ? Des conventionnels, celui d'hommes d'imagination et de courage faisant face à l'Europe coalisée contre l'ordre nouveau qu'ils entendaient instituer ? De Napoléon, l'un des quelques grands hommes de l'histoire universelle, celui de Prométhée enchaîné sur son rocher non pas par des dieux mais par les souverains médiocres et lâches qu'il avait eu le tort de trop mépriser ? De Clemenceau, vieux bretteur politique, celui du symbole de la patrie intransigeante ?

De de Gaulle, celui du visionnaire rebelle qui, lorsque tout était détruit, sut tout refonder ?

Ce que Jeanne a d'original et d'unique, son mythe, revêt une double signification. Elle exprime peut-être le mieux le sentiment d'elle-même qu'a la France, celui d'être incomparable à quiconque ; mais aussi, partout dans le monde, si la France irrite parfois par sa prétention, Jeanne est vénérée comme un être extraordinaire, presque surnaturel, une référence pour tous les temps et tous les peuples. Son destin a une valeur universelle.

Et cependant, malgré cette unanimité, année après année l'image de Jeanne d'Arc s'estompe ; son souvenir, le sens de sa vie ne sont plus guère évoqués publiquement comme s'ils n'étaient d'aucune utilité, d'aucune actualité. Son message ne serait-il plus adapté à notre temps ?

Le mythe s'évanouit
mais la France a encore un avenir

Le rêve nourri par la France durant tant de siècles n'était-il qu'une illusion qui l'aidait à vivre, à croire en elle, à sa singularité, à sa supériorité sur les autres nations ? Le culte de Jeanne, la recherche, à la première tempête, de l'homme providentiel qui sauverait tout étaient-ils la forme la plus achevée de l'orgueil ou bien de l'abandon français ? Et l'affaiblissement du mythe est-il le signe que la France ne croit plus en elle-même ? D'autres sauveurs surgiraient-ils, seraient-ils possibles aujourd'hui ? Y a-t-il encore quelque chose à sauver de la grandeur passée, de la mission séculaire que la France s'est si longtemps assignée à elle-même ? Ou bien est-elle vouée à s'engloutir dans la banalité et l'uniformité qui s'étendent sur le monde, à perdre sa personnalité, à terme sa vie même ?

Comment répondre ? À défaut, une constatation : la quête d'un surhomme entre les bras duquel le peuple se jette est un signe de faiblesse civique trop souvent manifesté depuis deux siècles. Une conviction aussi : la France doit conserver un rôle que nul ne peut jouer à sa place ; elle a encore un avenir, donc quelque chose à sauver. Encore faut-il qu'elle le veuille.

*
* *

Aucun pays où plus qu'en France on ait le culte de la raison, de la logique, de la clarté, de la déduction conduite avec persévérance jusqu'à une conclusion incontestable ; aucun peut-être où les ressorts de l'âme collective soient plus complexes, plus mystérieux, où les sentiments aient autant de place.

Pour les Français, la Providence les a choisis dès l'origine, leur dispensant ses faveurs, elle a conclu avec eux un pacte sur lequel ils ont bâti leur personnalité collective ; pendant des siècles ils se sont considérés comme élus par Dieu, leur roi étant le successeur du roi David à la tête du nouveau peuple élu. Nul ne contestait le rôle de la monarchie ; elle rassemblait autour d'elle, avec des heurs et des malheurs, ce qui peu à peu devenait la France.

Un temps, dans le drame interminable de la guerre de Cent Ans, cette vision mystique et idéale s'est évanouie, la France a désespéré d'elle-même, elle a cru sombrer. C'est Jeanne qui l'a ressuscitée, donnant naissance à un sentiment national nouveau, le patriotisme. Devant la défaillance royale, elle a installé dans la mémoire française et dans les esprits le mythe de l'homme providentiel. Pourquoi ce mythe ? Parce que l'institution monarchique, source d'un pouvoir légitime consacré par la religion, s'était effacée, qu'elle n'était plus capable de jouer son rôle. Bien servie par Jeanne, la monarchie légitime s'est ressaisie. Trois siècles durant elle a repris sa place, ne faisant appel qu'à de dociles serviteurs.

Mais pour le pays « des succès achevés et des malheurs exemplaires » revint le temps des épreuves. La Révolution exécuta le roi, jeta à bas la monarchie et avec elle la légitimité religieuse qui faisait sa force. Sans relâche, la France en chercha une nouvelle, n'en découvrant aucune qui fût durable, alors qu'elle vivait d'extrêmes dangers en un temps où l'Europe se libérait de sa prééminence et où elle fut envahie à quatre reprises en un peu plus d'un siècle, et sur le point d'être submergée, anéantie.

Elle qui depuis 1789 se voyait comme la lumière du monde et le héraut des principes démocratiques tâtonnait, aussi peu républicaine qu'il est possible puisqu'elle ne faisait pas, comme ses principes auraient dû l'y obliger, confiance au peuple pour ancrer la légitimité nouvelle dans la durée. D'où d'innombrables changements de régime et d'institutions, une perpétuelle instabilité politique ; d'où également, dès que surgissaient les épreuves que le pouvoir semblait incapable de résoudre, la quête d'hommes providentiels. Il y eut parmi ceux-là bon nombre de soldats car ces épreuves, guerres ou invasions, furent fréquemment militaires : 1792, 1814, 1870, 1914, 1940, sans oublier les révolutions de juillet 1830 et de février 1848, la Commune de Paris. C'est ce qui explique Bonaparte, Louis-Napoléon, Thiers, Boulanger, Clemenceau, Pétain, de Gaulle. Quand surgit l'homme providentiel c'est que, la légitimité s'étant évanouie, le peuple cherche un recours, non pas un système mais un homme.

Voilà qui explique aussi la résurrection du souvenir de Jeanne au XIXe siècle : elle servit de référence et de caution à tous les sauveurs surgis des drames répétés qui frappaient la France. Tous s'efforcèrent de rassembler dans leur personne

– ou, à défaut, dans leur image – un peu de la sienne, d'être une nouvelle incarnation de son mythe : mission conférée par le destin, origine populaire de leur autorité, opposition aux valeurs établies et au conformisme des élites toujours soupçonnées d'être tentées par l'abandon, intelligence des situations, fulgurance de la victoire, style décapant, foudroyant, honnêteté du comportement, martyre même pour quelques-uns.

Aucun n'y parvint totalement, soit en raison des circonstances, soit de leur nature propre : Napoléon, après le Consulat, n'est plus un mythe proprement français et, victime de sa démesure, il est abattu dix ans plus tard. Ni Thiers ni Clemenceau n'avaient une autorité morale et des vertus personnelles incontestables mais en revanche des capacités, une autorité devant lesquelles force était de s'incliner. Un temps, le peuple français put croire que Pétain était une réincarnation du mythe par la mission que lui conférait une nation aux abois. Mais son message, quel contresens ! Il justifiait la collaboration, tandis que l'action de Jeanne était le symbole même de la résistance à l'oppression étrangère !

Quant à de Gaulle, théoricien prophétique, éveilleur des volontés, il fut d'abord un conducteur d'hommes et un organisateur, un chef d'exception par son intelligence et son caractère, un homme politique novateur, sans avoir l'occasion de remporter par lui-même des succès militaires mémorables.

*

* *

L'homme providentiel est celui auquel on confie la tâche de restaurer l'ordre « naturel », c'est-à-dire la légitimité, non plus monarchique comme au temps de Jeanne, mais nationale, légitimité troublée par les révolutions et par les guerres. La tentation du recours à un sauveur apparaît à chaque fois que les choses vont mal, que la société ne trouve pas en elle-même les ressorts du redressement. Ce n'est pas un hasard si la canonisation de Jeanne est proclamée sous la IIIe République, entre le désastre de 1870 et l'effondrement de 1940. Alors, au même moment, Pétain et de Gaulle revendiquèrent explicitement son héritage. Leur concurrence traduisait à la fois la force du mythe et la gravité de l'épreuve. De cette compétition de Gaulle ne pouvait que sortir vainqueur puisque lui ne collaborait pas avec l'ennemi mais lui résistait. Encore une fois, imagine-t-on Jeanne laissant dire que la victoire des Anglais était souhaitable ?

Le recours au mythe de Jeanne, si fréquent durant deux siècles, était bien la preuve de l'incapacité de la société française à se doter d'un régime ressenti par tous comme légitime, et donc stable malgré les vicissitudes du sort, à faire face aux réalités, à accepter les changements nécessaires. L'appel si fréquent au sauveur était à la fois symbolique et grave, la marque d'une abdication, d'un manque de confiance dans le peuple tenu pour incapable de prendre ses responsabilités.

De Gaulle disparu, qui fut le dernier à l'illustrer et à le justifier, un nouveau recours à un homme providentiel en guise de substitut des défaillances nationales ne serait pas un signe de bonne santé morale et civique. Il est temps pour la France de devenir véritablement une société d'hommes qui se veulent seuls en charge de leur sort, c'est-à-dire une république. Une république a-t-elle, quand se lèvent les tempêtes de l'Histoire, besoin de se tourner vers un sauveur ?

De toute façon, le mythe du sauveur s'estompe, comme le montre le déclin du culte de Jeanne. Ce n'est pas que la maturité gagne l'esprit public, mais – l'épreuve de 1940 a laissé de profondes cicatrices dans les esprits – parce que s'affaiblit la foi de la France dans sa destinée singulière. Appartient-elle au passé ? Si l'image de Jeanne s'évanouit sur l'horizon, serait-ce que l'histoire de la France est finie, qu'ayant perdu sa position de grande puissance tandis que les fondements même de sa personnalité originale sont ébranlés, elle ne croit plus en elle-même ? Si tel était le cas, quel besoin de la sauver, quel rôle pour un sauveur ?

*
* *

Pourquoi cette indifférence envers Jeanne, pourquoi ceux qui invoquent sa mémoire sont-ils aujourd'hui si peu nombreux ? À bien des égards, son message et son épopée ne correspondent plus à l'état d'esprit de nos contemporains, ne rencontrent que le scepticisme. Il y a un décalage entre les mentalités d'aujourd'hui et son aventure, qui semble ne plus nous concerner.

Les horreurs de la guerre de Cent Ans, l'anarchie, la rivalité armée des clans, le sort cruel du peuple, la faiblesse de l'État ? C'est tellement loin, et la France a connu, jusque tout récemment, des épreuves aussi graves. Elle les a surmontées avec l'aide de ses alliés mais aussi grâce à l'intervention d'un homme providentiel.

Le martyre de Jeanne ? Il y en eut d'autres, tout aussi affreux et bien plus massifs, subis par des milliers, des millions d'hommes. Nous nous sommes accoutumés à l'horreur, elle ne nous paraît plus exceptionnelle. On s'apitoie, mais sans se sentir véritablement concerné ; c'est avec la même absence d'émotion qu'on se remémore, même lorsqu'on y croit, la passion du Christ, comme si nos sensibilités étaient émoussées, que nous étions blasés.

La foi religieuse de Jeanne ? À quoi peut-elle bien correspondre de nos jours, cette foi qui confond ce qui est spirituel et ce qui est temporel, comme si Dieu avait à cœur d'intervenir dans les affaires du monde et manifestait sa prédilection pour une nation plutôt qu'une autre ? Mieux – ou pis –, ce détournement de la religion à des fins politiques choque, nombreux sont ceux qui y voient le reflet d'une mentalité contraire aux progrès de l'esprit, en contradiction même avec la position des Églises chrétiennes d'aujourd'hui.

Les voix des saints s'adressant à Jeanne, lui fixant sa mission ? Combien y croient-ils encore ? Qui imagine que, de l'au-delà, les saints parlent aux hommes de la part de Dieu, qu'ils interviennent dans les affaires de notre monde ? De nos jours, au moins dans les pays d'Occident, la foi religieuse est plus abstraite, plus épurée de tout irrationnel, moins subjective et sentimentale. Pour beaucoup, que Jeanne fût convaincue d'entendre des voix est au mieux le signe qu'elle n'était pas très équilibrée, au pire qu'elle simulait.

Et que dire de la virginité qu'elle revendiquait, qu'elle défendait comme le plus précieux des trésors, le signe de son élection divine, la preuve de son innocence ? Les mœurs étant ce qu'elles sont, à quoi correspond-elle aujourd'hui, quelle est sa signification ? Elle est le plus souvent un sujet de plaisanteries douteuses, d'interrogations salaces. Bien-pensants comme agnostiques sont nombreux à s'employer à tourner en dérision la pureté charnelle de Jeanne, voyant dans la signification qu'elle revêt le signe d'un état d'esprit rétrograde.

Ses succès militaires ? Ils sont rapides, décisifs. Elle subjugue les soldats par sa personnalité, son courage, elle les entraîne, elle voit juste dans les choix à faire pour chasser les Anglais. C'est déjà beaucoup, bien plus que ne peuvent prétendre ceux qui entourent le roi. Mais son intelligence et son courage de chef de guerre ne font pas de Jeanne un grand stratège. Simplement, elle discerne où il faut faire porter l'effort par priorité.

La défense de l'indépendance de la France, de sa puissance, de sa prééminence sur les autres nations ? Qui ne voit combien tout est différent aujourd'hui ? La France fait partie de l'Union européenne, elle y a perdu, elle ne pouvait qu'y perdre une bonne part de son autonomie de décision dans l'ensemble du champ économique, social, monétaire. Certes, sur le plan de son influence internationale, elle dispose de son armée, de sa diplomatie, elle détient l'arme nucléaire, elle est membre permanent du Conseil de sécurité des Nations unies, mais si, étape par étape, l'Union européenne étend ses compétences à la défense et à la politique étrangère, peu à peu la France perdra – pacifiquement, volontairement, mais perdra quand même – une bonne part de son indépendance politique. Sa sécurité dépendra de celle de ses voisins, de ses alliés, de ses partenaires, de leur volonté et pas seulement de son libre arbitre. Ce jour-là, à quoi bon un sauveur ?

L'affrontement avec un ennemi revenant sans cesse à l'assaut, et qu'il faut contenir et subjuguer ? La France n'a plus d'ennemis héréditaires, elle s'est épuisée, ils se sont épuisés à se combattre, les uns et les autres sont forcés de se rassembler s'ils veulent encore peser sur le sort du monde. Tous les Européens seront un jour ou l'autre conduits à la même conclusion. Là encore, quelle consistance conserve le mythe du sauveur ?

Quant au reste, la Russie est durablement affaiblie, elle n'est plus communiste, elle aspire à coopérer avec l'Ouest sans perdre son statut de grande puissance ; la Chine est loin, et si elle doit s'en prendre à ses voisins ou à ses rivaux l'Europe ne sera pas en première ligne ; pour les États-Unis, ils irritent, on les trouve immodestes, impérieux, on les jalouse, on craint leurs erreurs, on les redoute comme des rivaux, mais ce ne sont pas des adversaires, ce sont des alliés attachés aux mêmes principes de civilisation que les Européens. Le danger véritable, c'est le désordre aux portes de l'Europe, les mouvements de population incontrôlables, le fanatisme religieux, la haine de l'Occident que nourrissent des peuples pauvres et trop longtemps dominés. Pour remédier à cela, que faire ? Sûrement pas en appeler à un homme providentiel. Ce serait en pure perte. L'Europe ne doit pas commettre l'erreur de considérer comme des adversaires les peuples qui bordent ses frontières, au sud comme à l'est, et ainsi de les transformer à leur tour en ennemis héréditaires. Ils n'y ont eux-mêmes que trop tendance, tant ils désirent se venger de leur longue humiliation.

Alors ne reste-t-il rien à défendre, à sauvegarder ? La France n'a-t-elle plus de rôle qui mérite qu'on combatte pour l'assumer ? Si c'était vrai, quelle tristesse ! Et surtout, quelle aberration ! Comme si la mission de la France était seulement d'être en tout temps la plus puissante, celle qui domine autrui sur le plan matériel et dicte sa loi parce qu'elle est redoutée. Ces temps-là sont finis. Prenons acte de la réalité, mettons fin au doute que la France nourrit sur elle-même : elle ne peut vivre sans la certitude d'être investie d'une vocation particulière, faute de quoi elle serait atteinte d'une maladie de langueur ; mais, désormais, sa mission doit être autre.

*
* *

Les Français sont tentés par le découragement ; ils ont le sentiment que la France n'est plus ce qu'elle était. Dans quelques dizaines d'années, sera-t-elle encore une nation ? Certainement oui, si elle le veut et si elle s'en donne les moyens. Sans doute les choses seront-elles différentes si, confrontée à moins de dangers extérieurs parce qu'insérée dans un ensemble d'États associés, elle voit s'affaiblir une cohésion interne qui n'est jamais si forte que lorsqu'un peuple doit faire face à un risque venu du dehors. Quoi qu'il advienne, le transfert de prérogatives de souveraineté à l'Union européenne, aux organisations internationales, à l'ONU continuera. Le mouvement ne s'arrêtera pas, tant il est la contrepartie nécessaire de l'inévitable mondialisation. Il privera la nation française d'une part de la superstructure politique et institutionnelle qui était, qui est encore la sienne.

L'État-nation peut-il résister à l'affaiblissement de la souveraineté étatique aussi bien sur le plan économique que politique ? Je suis persuadé que oui. L'État-nation n'est pas un concept démodé, la mondialisation, le régionalisme, le multiculturalisme ne le font pas disparaître, ils le transforment. La nation n'est pas incompatible avec la mondialisation, avec la reconnaissance du fait que nul ne peut plus être seul à décider de tout en dernier ressort. Même les États-Unis devront tôt ou tard s'y résigner.

La nation est une réalité qui vit dans les esprits, dans les cœurs, la seule qui puisse recevoir l'adhésion des peuples, le ciment le plus solide qui unisse les hommes. Même si, à côté, au-delà du rôle des États, s'affirme celui des entreprises, des institutions interétatiques, des mouvements de pensée, des groupes politiques et sociaux organisés à l'échelle du monde, la nation demeure le concept collectif le plus proche et le plus fort.

Ces transferts de souveraineté consacreront-ils l'affaiblissement de la France, l'évaporation du sentiment national, parce qu'une part des fonctions juridiques de l'État aura disparu ? Elle a déjà perdu, elle perdra encore de sa souveraineté, mais la France se résume-t-elle à la puissance matérielle ou juridique ? N'est-elle pas avant tout un état d'esprit, une conception de l'homme et de la vie ? Privée d'une partie de son autonomie de décision dans certains domaines, n'existera-t-elle plus ? Les Français croiront-ils moins à la nation parce qu'ils auront le sentiment qu'elle se serait affaiblie ?

Soyons lucides, et ne nourrissons pas la nostalgie d'une indépendance telle qu'on la rêvait autrefois : comment croire à un retour du balancier, à une dislocation de l'Union européenne dans un continent retournant au désordre, comment imaginer que l'anarchie reprenne le dessus dans un monde qui a déjà tellement de mal à s'organiser et à définir une règle du jeu respectée par tous ? Cela ne durerait pas longtemps, et bientôt un ordre nouveau ne tarderait pas à se mettre en place. Le temps de l'indépendance à la mode des siècles passés est révolu pour tous, même si, en attendant que la défense de l'Europe soit organisée de façon collective, la sécurité de la France en dernier ressort dépend encore largement d'elle-même. Cela ne durera pas toujours.

*

* *

Dès lors, c'est une conception nouvelle du rôle de la nation qu'il faut inventer, d'autant qu'au fond d'eux-mêmes les Français veulent croire que l'identité française est indestructible quoi qu'il arrive, malgré la mondialisation, malgré l'uniformisation des mœurs, des habitudes, des langages.

Cette identité court, dans l'esprit des Français qui balancent entre autoflagellation et autosatisfaction, deux risques contradictoires : celui d'être surévaluée, celui d'être sous-estimée. Le thème de l'exception française contient ces deux risques à la fois. Il justifie le refus du changement, la crispation traditionaliste, l'apologie exclusive du passé, la hantise du déclin, le doute sur soi-même, comme si l'affaiblissement relatif de la puissance économique ou militaire rejetait la France aux marges de l'histoire, lui enlevait tout rôle, toute influence.

C'est contre cette conception quelque peu primitive de la nation qu'il faut réagir, non seulement parce qu'elle est dangereuse, mais surtout parce qu'elle est fausse. Gardons-nous de toute nostalgie ! Je le répète : une nation ce n'est pas seulement une puissance matérielle, une influence politique fondée sur les moyens techniques ou pécuniaires, mais d'abord une culture un message, une puissance spirituelle. Il y a eu un rayonnement français à toutes les époques, même au temps des épreuves.

Ce rayonnement, comment le fonder sur l'exception française ? Souvent, aux yeux du reste du monde elle est synonyme de vanité, d'autocontemplation, de narcissisme politique et culturel sinon de mégalomanie, de refus de se plier à la règle commune, comme si ce qui valait pour le reste du monde ne valait pas pour la France. Pour beaucoup, elle exprime l'égoïsme, le passéisme, elle suscite irritation et jalousie, voire moquerie : la France est jugée arrogante et vaniteuse, donneuse de leçons au monde entier. De plus, le thème de l'exception française est contraire à la tradition de la France, qui a toujours entendu être un modèle pour le reste du monde, constituer une référence, bénéficier d'une prééminence ; il exprime au contraire la volonté d'une différence, d'une rupture ; en fait, aujourd'hui il traduit purement et simplement l'anti-américanisme. Pour une part, l'exception française n'est guère plus que l'alibi du conservatisme, une illusion condamnée par l'évolution qui porte toutes les sociétés à se rapprocher les unes des autres.

Mais si nous devons nous garder de toute exagération de notre rôle, n'ayons non plus aucun complexe d'infériorité. Si ce n'est plus sa puissance, c'est sa mission morale qui peut constituer pour la France un rôle particulier, sa nouvelle ambition historique : être par l'esprit, la culture, les valeurs spirituelles, l'organisation de la vie en société, un véritable laboratoire des solutions de l'avenir, non pas une exception hautaine et solitaire, ni un modèle intangible qu'il y a lieu d'imiter à la lettre, mais un exemple.

Cet exemple, la France l'a été à plusieurs reprises : au temps de la chrétienté triomphante, quand elle protégeait le pape et défendait la foi les armes à la main, qu'elle animait les croisades, qu'elle ressuscitait la royauté sacerdotale de droit divin ; au temps des Lumières, quand elle inventait les droits de l'homme, la liberté politique et s'en faisait le héraut à travers l'Europe, s'assignant à elle-même une vocation universelle, nourrissant les rêves de tous les peuples asservis ; aujourd'hui quand, faute d'être désormais prépondérante, elle se veut le champion de l'indépendance des nations face aux plus puissants toujours tentés par la domination, le champion aussi d'une vie internationale où le respect du droit soumettrait à des règles la défense par chacun de ses intérêts égoïstes.

C'est le sens que peut revêtir l'exemple français : avoir quelque chose à dire au monde parce que, étant ce qu'on est, ce qu'on fait, on a le droit de le dire, sans rien imposer. Être un exemple, une nation qui se donne pour mission d'éclairer les peuples, quelle prétention, dira-t-on ! Mais surtout quelle charge, quels devoirs imposés !

Bâtir une société où l'on ne cède ni aux facilités de la démagogie ni à celles de l'élitisme, qui fasse une part bien équilibrée aux exigences de justice et à la soif de liberté ; défendre vigoureusement la personnalité de la nation, la permanence de sa langue, mais aussi être ouvert à la coopération entre les peuples ; se plier à la loi internationale, voire favoriser son extension, son efficacité, accepter de voir ses intérêts bridés, son égoïsme limité, sa faim de puissance bornée quand cette coopération l'exige ; assurer le respect des droits de l'homme sans baisser la garde ni accepter que ce respect justifie l'insécurité et l'anarchie ; être ouvert au monde, accepter et même réclamer plus de liberté pour les échanges, plus de souplesse dans les relations entre les économies, mais en même temps imaginer les règles et les contraintes qui évitent que seuls les plus forts bénéficient de la mondialisation, afin que tous acceptent d'adhérer à quelques principes communs valables d'un bout à l'autre de la planète.

Après avoir inventé l'État-nation, la France, en comprenant et en exprimant les aspirations nouvelles, peut contribuer à inventer une société internationale fondée sur le droit et sur la morale ; l'universalisme de sa civilisation, sa conception de l'homme l'y rendent plus apte que tout autre peuple. Elle sera d'autant plus écoutée qu'elle aura su favoriser en son sein l'épanouissement de chacun tout en assurant le respect des indispensables disciplines collectives, marier la solidarité avec la liberté.

Voilà une conception nouvelle de la nation : ne plus être seulement une force matérielle, politique, militaire qui, de toute manière, ira nécessairement s'affaiblissant par rapport aux autres, mais incarner un idéal culturel, social, moral, inventer des rapports nouveaux entre les citoyens, entre eux et la puissance publique, entre eux et le monde. Si elle y consacre sa volonté, si elle est convaincue du caractère irremplaçable de sa mission, la France peut redevenir le symbole des valeurs universelles auxquelles adhèrent tous les peuples, être un exemple moral et spirituel.

C'est la mission qui s'offre aux Français s'ils veulent encore avoir une histoire. Tous doivent la faire leur, y adhérer. Alors la République prendra enfin son sens, celui d'une ambition collective, l'ambition d'hommes résolus à décider eux-mêmes de leur destin, et non pas résignés à trouver à tout prix un envoyé providentiel qui les prenne en charge, pallie leurs insuffisances, les guide pour les sortir des tourments. Pour la France, l'enjeu est de fonder une légitimité nouvelle, durable, reconnue par tous.

Le cas échéant, cette ambition peut être dessinée, exprimée, proposée par un homme apte à animer l'âme populaire, à la soulever au-dessus d'elle-même, en dépassant les petitesses et les mesquineries des intérêts. Ainsi, la France donnera peut-être encore naissance à d'autres grands hommes ; pas pour les implorer de la tirer de l'abîme où l'auraient plongée des désastres militaires que de toute façon elle ne pourrait plus surmonter seule, mais pour lui rappeler ce qu'elle doit être aux yeux de tous : celle qui invente une forme nouvelle de civilisation non plus seulement nationale, celle-là, mais universelle.

Donnant à la légende de Jeanne une portée différente, le sursaut intellectuel et moral nécessaire à l'affirmation de cette conception renouvelée de la nation exprimerait, tout en la dépassant, cette singularité française qui explique le mythe du sauveur.

C'est une autre idée de la nation et de son rôle dans le monde qui est en cause. Les combats de l'avenir sont de l'ordre spirituel ; ce sont les plus difficiles, les plus exaltants.

Table des matières

Cet ouvrage a été composé par
PARIS PHOTOCOMPOSITION
75017 Paris

Impression réalisée sur CAMERON par
BRODARD ET TAUPIN
La Flèche

pour le compte des Éditions Fayard
en avril 2003

Imprimé en France
Dépôt légal : avril 2003
N° d'édition : 31725 – N° d'impression : 18372
ISBN : 2-213-61567-5
35-14-1767-9/01